「分とく山」野﨑洋光がおくる

極めつきの「美味しい方程式」

文化出版局

料理一覧

水で作る料理

出汁で作る料理

甘辛味で作る料理

低温で作る料理

出汁

その他

たれ、ソース

味つけの方程式三つ

●表記について

1カップは200mℓ、大さじ1は15mℓ、小さじ1は5mℓ。
昆布は出汁用昆布を使用しています。

皆さんが、料理で困っていることは何でしょう。

よく聞くのが、
「煮物の味つけがうまくできない」という声です。

味見をしているうちに、塩やしょうゆを入れすぎてしまい、
修正ができずに失敗してしまったという経験はありませんか。
煮物は和食の中でもいちばんむずかしい料理です。
私どもプロの世界では、そうした失敗をしないように、
常に一定の味を作るための基準があります。
それが八方地《はっぽうじ》です。八方出汁《はっぽうだし》ともいいます。

料理屋では、この八方出汁を基準にして、
濃くしたり薄くしたりして、美味しい味のバランスを決めています。

この便利な方法をご家庭でも生かしていただきたいと、
料理の味つけを比率でご紹介したのが
『美味しい方程式』でした。
かれこれ20年近く前のことです。

さて、和食に出汁はつきものだと思っていませんか?
以前は私も、煮物にも煮魚にも炊込みご飯にも、かつお出汁を使っていました。
ところが、あるときから、
出汁の代りに水を使うようになりました。
出汁でうまみを補わなくても、食材そのものにうまみがあれば、
美味しい料理ができるとわかったからです。

水でいいのは
魚や肉を使った料理の場合です。

ためしに、出汁の八方地と、水の八方地で味比べをしてみてください。
うまみのあるものには水で、
うまみや個性のないものには出汁があるほうが
美味しいとわかるはずです。

ここに改めて、
いちばん新しい一生役立つ
「方程式」をご紹介します。

「方程式」で味の仕組みがわかれば、いつでも簡単に味つけが決まり、
毎日の料理に自信がつきます。
基準の味を知ることからスタートしてみませんか。

味つけの方程式は三つ

八方出汁《はっぽうだし》の8・1・1（出汁か水8・しょうゆ1・みりん1）

吸い地《すじ》（吸い物の味。塩分0.7〜0.8％）

甘辛味の5・3・1（みりん5・酒3・濃口しょうゆ1）

どれも家庭で即、実践できるものばかりです。

「方程式」が身についたら、自分の味作りへと歩みを進めていきませんか。
逆説的ですが、家庭の料理は料理屋をまねる必要はありません。

家族のために、楽しく、美味しく。
これがいちばん大事です。

淡味を目指しましょう。

市販の合せ調味料がたくさんあって便利なようですが、
そういうものを使うとすっきりした味にはなりません。
調味料はしょうゆ、みりん、酒くらいにして、
塩分もほどよい、とはいえ単に薄味にするのではなく、
素材そのものの味を大事にしたシンプルで素朴な料理を作りませんか。
のどをスーッと通るような味作り。
名づけて「淡味《たんみ》」。これが目標の味わいです。
どうぞ、淡味の味作りをこの本のレシピで実感してください。

料理にとりかかるその前に

●野菜はいけ花のように水揚げを

畑で育っているときのように、野菜は水につけて葉先まで生き生きとさせましょう。水揚げをしてから料理をすると味が全然違います。葉物だけでなく、ブロッコリー、カリフラワーなども同じです。

●魚や肉、野菜も「霜降り」を

「霜降り」というのは、調理する前に熱湯にくぐらせることをいいます。なぜ霜降りをするかというと、どんなに新鮮な魚や肉、野菜も、酸化が進んでいるからです。この酸化した表面のあくや汚れが、霜降りの湯に通すことで取り除かれます。いってみれば「霜降り」は、私たちがお風呂で汚れを落とすのと同じことです。

確かに手間かもしれません。でも美味しさのためには「急がば回れ」。仕上りの美味しさも断然違ってきます。

●昆布の用意を

かつお出汁をとるときだけでなく、昆布を用意しましょう。水ベースで作る料理に少量入れるだけで、食材の支えになってくれます。

出汁用の昆布は、厚さや色ではなく、とった出汁がすっきりとした香りがし、昆布臭さのないものを選びましょう。

実は、昆布の品質は値段と比例します。とはいえ4人分のお吸い物に使う昆布は5cm角1枚、ペットボトルのお茶よりも安いはず。お茶は飲めば終りですが、昆布は3回活用できます。家庭用ですから切落しでもかまいません。

●薄口しょうゆの用意を

煮物のレシピの多くは、薄口しょうゆを使っています。

それは、薄口しょうゆは、どこのメーカーのものでもほぼ塩分は一定なので、どなたにもレシピの味を再現していただけるからです。

塩分濃度は、濃口は約15〜16%、薄口は約18〜19%。だから、薄口は少量でも、料理の色を淡くきれいに仕上げることができるのです。一方、濃口しょうゆは、うまみ成分が強い分まろやかに感じます。上手に使い分けてください。もし薄口しょうゆをお持ちでなければ、同量の濃口しょうゆで作ってもかまいません。

●甘みはみりんで

上白糖、三温糖など種類の多い砂糖を使うよりも、一定の味を作りやすいみりんを甘みに使用しています。また、しょうゆ同様に発酵食品であるみりんにはうまみがあるからです。

8：1：1の比率で、いろいろなものが作れます。

この比率は八方《はっぽう》出汁《だし》と言われるだけに、
いろいろな料理に展開できます。
料理によって、基本の8を15～20にしたり、
調味料も、みりんを酒にかえたり、
1を0.5にしたり、と変化も可能です。

初めはレシピどおりに計量してみて、
使用する鍋に対して、
全体がどのくらいの量なのかを
把握するといいでしょう。

まずは、基本の味を
しっかり覚えることがスタートです。
お好みの味に足す、
引くはそのあとです。

この8・1・1は
そのままの味でめんつゆに、
肉じゃが、筑前煮、煮びたしの煮汁に。
ベースの8を増やして
煮魚に、おでんに、寄せ鍋に。

【基本】

8：1：1

出汁か水　薄口しょうゆ　みりん

8・1・1で煮る

肉じゃがで、煮物に自信をつけましょう。
ベースは、出汁ではなく水です。

煮物というと、しょうゆ味で長く煮込むものと思っていませんか？
今の時代、濃い味つけにして保存して何日も食べたりしませんよね。
なるべく薄い味にしましょう。
味つけを、8・1・1の汁にすれば、味が決まりやすいです。
8・1・1の塩味は具材を煮ることで薄くなり、
ちょうどいい塩味になります。
肉じゃがの場合は、野菜のほかに、うまみのある肉が入るので、
ベースにかつお出汁は使いません、水にします。
ただし、少量の昆布を入れます。
昆布は、肉や野菜のうまみの補強、支えになってくれます。

さあ、肉じゃがを作りましょう。手順は四つ。

1　材料を霜降り
2　8・1・1の煮汁で野菜類を先に煮る
3　煮立ったら弱火、落し蓋を
4　肉はあとで加えて煮つめる

肉は煮すぎるとかたくなります。あとから加えれば、薄切り肉にちょうど火が入って、やわらかく仕上がります。

下ごしらえの霜降りは、めんどうかもしれませんが、やるとやらないでは、味の仕上りが違います。鍋は一つでいいです。たっぷりの湯を沸かしたら、野菜類をまず湯に通し、次に同じ湯で肉をくぐらせ、水にとります。野菜は水にとらなくていいです。

野菜類を一緒に霜降り

Q かつお出汁でなく昆布？

肉のうまみに、魚のかつおの香りやうまみでは、かえってよさが相殺されてしまいます。野菜のうまみ、肉のうまみがあるので充分なのですが、昆布のうまみ成分のグルタミン酸が食材のうまみを邪魔せずにマッチし、うまみ効果をアップしてくれます。

煮物の大事なお約束

●煮物の汁はひたひたに

煮ているときに、食材が煮汁よりも出ていませんか？

食材が煮汁にひたひたになっていないと、煮汁が食材すべてに回りません。浅いフライパンのような鍋ではなく、煮汁に浸る大きさの鍋にしましょう。

●落し蓋を

鍋よりも一回り小さい蓋をするのが落し蓋。蓋をすることで中の煮汁の温度が高まり、すきまからは煮汁が沸いて蒸発し、早く煮えます。専用の木製でなくても、アルミホイルなどで代用してもいいです。

肉じゃが

材料（4人分）

豚バラ肉　150g

じゃがいも　250g

にんじん　100g

玉ねぎ　150g

しらたき　$\frac{1}{2}$袋

絹さや　6枚

煮汁（8：1：1）

┌水　400㎖

│薄口しょうゆ　50㎖

└みりん　50㎖

昆布　5㎝角1枚

作り方

1　じゃがいも、にんじんは皮をむいて一口大に切り、玉ねぎは3㎝幅のくし形に切る。豚肉は5㎝長さに切る。絹さやは筋を取る。

2　鍋にたっぷりの熱湯を用意し、じゃがいも、にんじん、玉ねぎ、しらたきを一度に入れて、さっとゆでて水気をきる。同じ湯で、豚肉もさっとゆでて、水にとり、水気をきる。

3　鍋に煮汁と昆布を入れ、じゃがいも、玉ねぎ、にんじん、しらたきを入れて中火にかけ、煮立ったら弱火にして落し蓋をする。

4　煮汁が半分くらいになったら豚肉を加え、煮汁が少なくなるまで煮つめたら、最後に絹さやを加える。

落し蓋をする

肉はあとで入れる

汁を煮つめる

8・1・1で煮る

筑前煮もベースは水で、具は炒めずにさっぱりと。

肉じゃが同様に水ベースの8・1・1で煮ましょう。筑前煮は、具材を炒める方法がよく知られていますが、材料を炒めず、肉は煮すぎないためにあとから加えればさっぱり仕上がります。煮るときには落し蓋を。

鶏肉はあとから

野菜を一緒に霜降り

牛肉と筍の卵とじ

ここでは筍ですが、ごぼうやうどなど、そのときどきの季節の野菜と合わせてください。

牛肉と筍の卵とじ
材料（2人分）
牛ロース肉スライス　150g
もどし筍*　150g
長ねぎ　1本
卵　2個
煮汁（8：1：1）
┌水　240mℓ
│薄口しょうゆ　30mℓ
└みりん　30mℓ
木の芽　適量

*もどし筍は、あくを抜いて下ゆでしたもの。筍のあく抜きはp.37参照。

作り方
1　鍋に熱湯と冷水のボウルを用意する。牛肉を熱湯にさっと入れて霜降りし、冷水にとって水気をきり、5cm長さに切る。ねぎは1cm幅の斜めに切る。筍は縦に5mm厚さにスライスする。
2　フライパンにねぎを敷いて筍を散らし、牛肉を入れ、続けて冷たい煮汁を入れて中火にかける。
3　全体に火が通ったら火を弱め、卵をといて2回に分けて回し入れ、火を止めて蓋をして蒸らす。器に盛ってから、木の芽を散らす。

卵は2回に分けて

筑前煮
材料（4人分）
鶏もも肉　250g
里芋　150g
にんじん　100g
蓮根　100g
ごぼう　50g
生しいたけ　4枚
こんにゃく　150g
さやいんげん　6本
煮汁（8：1：1）
┌水　400mℓ
│薄口しょうゆ　50mℓ
└みりん　50mℓ
昆布　5cm角1枚

作り方
1　鶏もも肉は一口大に切り、里芋、にんじんは皮をむいて乱切りに、蓮根は皮をむいて縦半分に切ってから5mm厚さに切る。こんにゃくはスプーンで一口大にちぎる。ごぼうはよく洗って3mm厚さの斜め切りに、しいたけは軸を落とす。いんげんは4cm長さに切る。
2　鍋に水を入れ、里芋、にんじん、蓮根、こんにゃく、ごぼう、しいたけを入れて火にかけ、沸騰したら、すぐにざるに上げる（霜降り）。
3　続けていんげんを入れて、さっと火を通して、ざるに上げる。鶏肉を続けて入れ、表面が白くなったら水にとり、水気をきる（霜降り）。
4　鍋に2と煮汁と昆布を入れて、落し蓋をしながら中火で煮る。野菜に火が通ったら、鶏肉を加え、中火弱で2分ほど煮る（肉を煮すぎないこと）。仕上げにいんげんを加える。

8・1・1で煮る

煮びたし

野菜の煮びたしの味がこの比率できっちり決まります。煮るのではなく、浸します。いろいろな野菜でお試しください。

油揚げと春菊の煮びたし

一緒に煮る油揚げなどを先に煮て、味を含ませておき、最後に青菜を「煮汁に浸して」みてください。青菜の食感がちゃんと残ります。

油揚げと春菊の煮びたし

材料（2人分）

油揚げ　1枚

春菊　1束

煮汁（8：1：1）

- かつお出汁　240mℓ
- 薄口しょうゆ　30mℓ
- みりん　30mℓ

作り方

1　油揚げは1cm幅の短冊に切り、熱湯をかけて油抜きする。春菊は葉を摘み、半分に切る。

2　鍋に煮汁と油揚げを入れて、煮立ったら軽く煮、春菊の葉を入れて浸し、火を止める。

なすの揚げびたし

なすを揚げているので、長く煮る必要はありません。揚げたなすを煮汁に浸すでいいのです。なすを揚げたら、熱湯で油抜きをしましょう。

なすの揚げびたし
材料（2人分）
なす　4本
わけぎ　2本
煮汁（8：1：1）
- かつお出汁　240mℓ
- 薄口しょうゆ　30mℓ
- みりん　30mℓ

揚げ油　適量

作り方
1　なすはへたを取って縦四つに切り、長さを半分に切る。わけぎは斜めに切る。熱湯を用意しておく。
2　なすを油でかために揚げ、熱湯をかけて油抜きする。
3　鍋に煮汁を沸かして、2のなすを入れ、ひと煮立ちしたら火を止め、わけぎを入れる。

揚げたなすを煮汁に浸す

8・1・1の展開

甘めの煮物は、薄口しょうゆを半分の0.5に。

食材自体のうまみが弱いものを煮るときには、薄口しょうゆを減らし、甘さを強めます。高野豆腐も生麩もうまみはありませんから、ベースはかつお出汁、弱火で煮ましょう。ごぼうやくわいなどもこの煮汁でどうぞ。

Q 強火ではだめ?

強火で煮ると、対流が起こって、煮汁が濁ります。コトコトではなくゆらゆらと湯気が立つくらいの弱火(80℃くらい)で煮含めましょう。

高野豆腐の煮物

高野豆腐に煮汁を煮含めた滋味を楽しみましょう。

高野豆腐の煮物
材料(2人分)
高野豆腐 2枚
煮汁(8:0.5:1)
- かつお出汁 400mℓ
- 薄口しょうゆ 25mℓ
- みりん 50mℓ

絹さや 2枚

1 高野豆腐は袋の表示に従い、ぬるま湯に浸してから4等分に切る。
2 鍋に煮汁と高野豆腐を入れて火にかけ、煮立ったら弱火にして5～10分煮る。仕上げにゆでた絹さやを添える。

生麩の含め煮

生麩には小麦粉をつけて、油で焼いてから煮ます。大事なのは沸騰させないこと！　強火では溶けてしまいます。うまみ強化に、煮干しも一緒に煮ました。昆布よりも強い味が生麩には合います。

生麩の含め煮
材料（2人分）
生麩　1本（270g）
小麦粉　少々
サラダ油　少々
煮汁（8：0.5：1）
- かつお出汁　200mℓ
- 薄口しょうゆ　12mℓ*
- みりん　25mℓ

煮干し　4〜5本
いんげん　少々
*薄口しょうゆはみりんの約半分の計量でいい。

作り方
1　生麩は2等分し、小麦粉をまぶす。
2　フライパンにサラダ油をひき、1の生麩に焼き色をつけるように焼き、ペーパータオルで余分な油や汚れをふき取る。たっぷりの熱湯をかけて油抜きし、八つに切る。
3　鍋に煮汁と煮干し、2の麩を入れて中火で煮、煮立ったら弱火にしてゆっくり15分煮て、味を含ませる。仕上げにゆでたいんげんを添える。

油で焼く

煮汁に煮干し

8・1・1の展開

煮魚は淡煮《あわに》に。比率は、水ベース15・1・0.5。まずは、鯛の淡煮を。

この淡煮の煮方を知れば、魚料理の自信もつきます。

煮魚だけでなく、煮汁を増やして汁物に、鍋仕立てにと、いろいろに応用できる方法です。比率は、8・1・1のベースを約2倍にした15・1・0.5。みりんではなく酒でさっぱりした味にします。出汁はいりません、水でいいです。魚の栄養がたっぷりの煮汁もお飲みください。さわら、たら、鮭、鯖など、お好みの魚でどうぞ。

まず魚に塩を。味が入る道ができます

魚や肉をいきなり濃い煮汁で煮ても、味が入るのには時間がかかります。

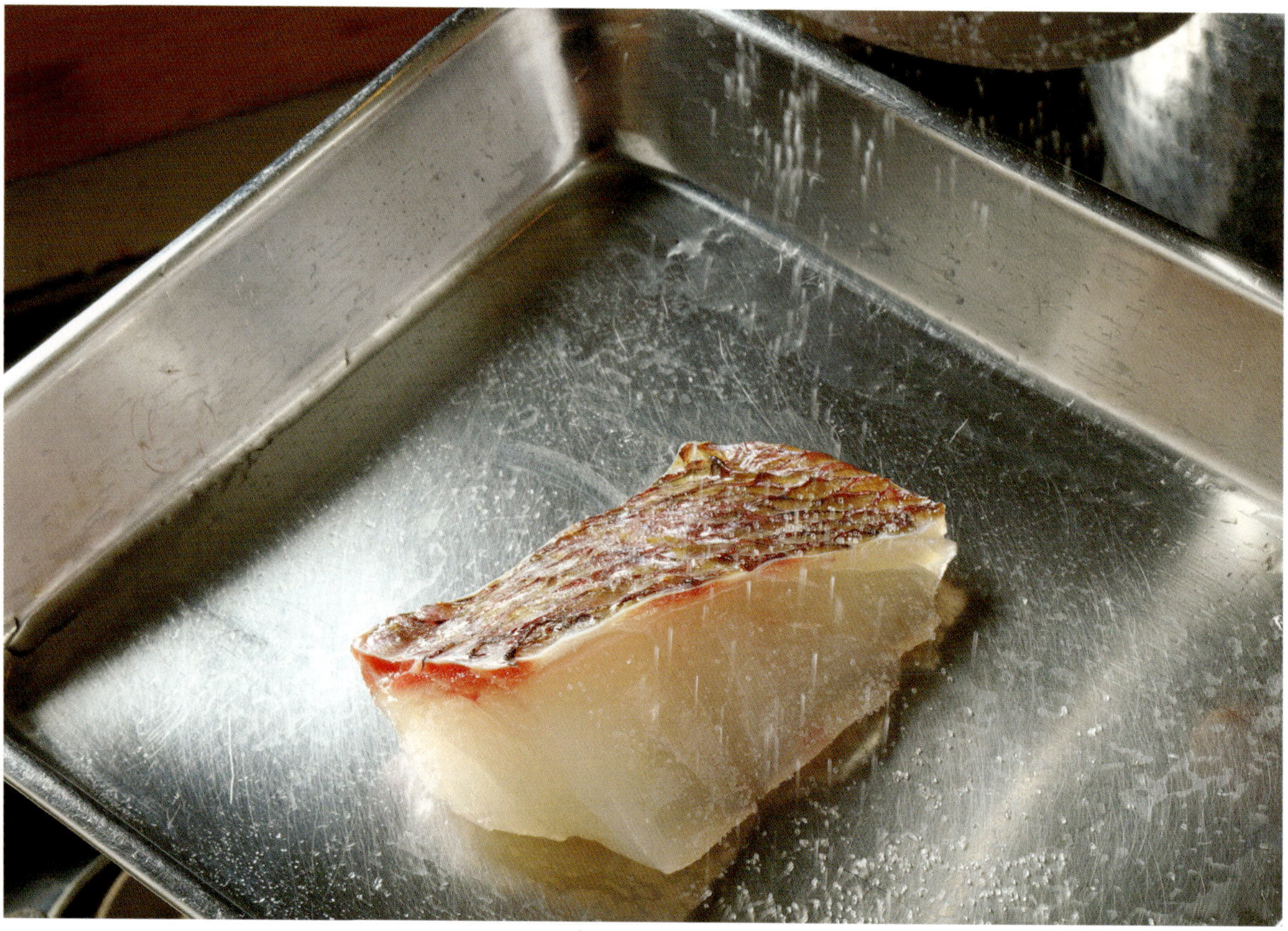

魚に塩をふる

先に塩をしておけば、魚から余分な水分が出ると同時に、下味がついているので、味の通り道ができ、淡い煮汁でも短時間で煮ることができます。

煮汁は沸かさず、冷たい煮汁に魚を入れます

沸かした煮汁に入れると、魚が煮くずれせず、うまみが逃げず、生臭みも防げるといわれてきました。でも、「霜降り」がしてあれば、表面は固まっていますから、冷たい煮汁に入れても煮くずれの心配はありません。汚れも落ちていますから生臭みもありません。

実は、冷たい煮汁から魚を煮ていくと、たんぱく質の変性が始まる50～80℃の温度で魚のうまみが引き出されます。だから、沸かした煮汁ではなく、冷たい煮汁に入れて煮ていきます。

15：1：0.5
水　薄口しょうゆ　酒

冷たい煮汁に魚と具を入れる

鯛の淡煮はこの手順で作ります。魚は切り身を。塩をしたら、霜降り。

魚は、一尾物の必要はありません。手軽な切り身でいいです。

購入してきたら、すぐに軽く塩をして準備しておくといいでしょう。

また魚の専門店でなくてもスーパーでいいです。近年は流通がいいので、スーパーの魚もかなり充実しています。

Q 霜降りしないとだめですか？

魚は塩をしたままで煮はじめないでください。熱湯にさっとくぐらせて冷水にとる「霜降り」（p.9参照）をしましょう。お風呂でさっと汚れを落とすのと同じで、この霜降りをすれば、魚の表面の汚れ、うろこ、あく、下味の塩を除くことができます。霜降

熱湯に通す

冷水にすぐとる

りをすると表面は固まっているけれど、中は「生」です。

煮すぎない！煮えごろの目安はねぎで

煮すぎると、身がパサパサになります。煮立ってから弱火で1〜2分、芯に火が入ればOK。下味の塩が味の道を作っているので、スーッと煮汁の味が入ります。一緒に入れたねぎがやわらかくなったら、煮えごろです。

鯛の淡煮

鯛の淡煮

材料（２人分）

- 鯛（切り身）　160g
- 生しいたけ　２枚
- 長ねぎ　１本
- 豆腐　100g
- もどしわかめ　40g
- 春菊　適量
- 塩　適量
- 煮汁（15：1：0.5）
  - 水　600mℓ
  - 薄口しょうゆ　40mℓ
  - 酒　20mℓ
- 昆布　5cm角１枚
- 木の芽　少々

作り方

1　鯛の切り身は40ｇ4切れに切り分ける。両面に塩をふり、20～30分おく。

2　鍋に熱湯を沸かし、ボウルに冷水を用意する。熱湯に鯛を入れて、さっと引き上げ、冷水にとって汚れを取り、水気をふく。湯は捨てない。

3　軸を落としたしいたけを2の湯に入れて、さっと引き上げる。

4　長ねぎは4cm長さに切り、両側面に4か所ほど軽く包丁目を斜めに入れておく（食べやすくなる）。豆腐は50ｇ2個に切る。

5　鍋に分量の水を入れ、火にかける前に鯛、豆腐、しいたけ、長ねぎ、昆布を入れ、薄口しょうゆ、酒を入れる。

6　中火にかけ、沸騰してから１分ほど煮て、長ねぎがやわらかくなったら、春菊とわかめを入れて、火を止める。器に盛りつけ、木の芽をあしらう。

ねぎで煮えごろを確認

8・1・1の展開

おでんは20・1・0.5。出汁ではなく水です。冷たい煮汁に具を入れて、煮すぎないように。

濃いしょうゆ味で茶色の大根がおでんのイメージでしょうが、それは煮込みすぎ。大根、練り物など、具材のそれぞれのうまみが味わえるおでんを目指しましょう。

そのためには、大根の厚さは2㎝くらいに。下ゆでしておけば、しょうゆ色にならなくても味は移ります。

煮汁は沸かさずに、冷たい煮汁に練り物、大根など具を入れて、うまみを引き出してください。

みりんは薄口しょうゆの半分にして、さっぱりとした味つけにします。

鍋に水を入れる

Q 出汁で煮てはだめ?

練り物からうまみが出ますから、出汁で煮るとくどくなります。
もし、使う練り物が少なかったら、水に少しのかつお出汁を足してもいいです。

おでん

材料（４人分）

大根　8cm
卵　４個
練り物（好みで）
- さつま揚げ　小４枚
- ちくわ　小２本
- はんぺん　１枚

結びしらたき　200g
生しいたけ　４枚
煮汁（20：1：0.5）
- 水　1ℓ*
- 薄口しょうゆ　50mℓ
- みりん　25mℓ

昆布　10cm角１枚
絹さや　少々
*練り物が少ないときは、水にかつお出汁を足してうまみをプラス。

作り方

1　大根は2cm厚さの輪切りにし、やわらかく下ゆでする（大根はあまり厚くすると味がしみ込みにくい）。
2　卵は水から８分ゆで、冷水にとって、殻をむいておく。
3　ちくわは半分に、はんぺんは一口大に切る。鍋に湯を沸かし、練り物としらたき、軸を落としたしいたけをざるに一緒に入れ、湯通しする。水にはとらない。
4　鍋に分量の水を入れて調味料を入れ、具材と昆布を入れる。
5　4を火にかけ、煮立ったらでき上り。絹さやをゆでて散らす。

具を一緒に湯に通す

冷たい煮汁から煮る

20 ： 1 ： 0.5

水　薄口しょうゆ　みりん

8・1・1の展開

寄せ鍋も20・1・0.5。出汁ではなく水ベースで煮ます。

寄せ鍋も、おでん同様に水ベースで煮ます。出汁は入れません。具材を全部入れてグツグツ煮込むのではなく、それぞれの食べごろでいただきましょう。

Q 鍋は出汁で作るものと思っていましたが

魚や貝などから冷たい汁にうまみが移っていきます。その味を順次、他の具材を入れて、味わうのが美味しい寄せ鍋の食べ方です。ただし、魚は霜降りしておきましょう。しいたけも霜降りを。白菜類は先にゆでておき、さっと汁のうまみにくぐらせるくらいが食べごろ。ここでは、ゆでた白菜でほうれん草を巻いています。

寄せ鍋

材料（２人分）

はまぐり　４個

金目鯛の切り身（30g）　８切れ

えび　４尾

白菜　大４枚

ほうれん草　１株

長ねぎ　5cm長さ８本

生しいたけ　４枚

木綿豆腐　$\frac{1}{2}$丁

春菊　$\frac{1}{2}$束

煮汁（20・1・0.5）

- 水　800mℓ
- 薄口しょうゆ　40mℓ
- みりん　20mℓ

昆布　10cm角１枚

作り方

1　はまぐりは真水で洗い、真水に２～３分つけて塩抜きする。

2　金目鯛は両面に塩（分量外）をふり、20分おく。たっぷりの熱湯にくぐらせて霜降りし、冷水にとって水きりする。

3　えびは尾の先を斜めに切り落とし、わたを取る。

4　長ねぎは側面に斜めの包丁目を入れ、しいたけは軸を落とし、豆腐は４等分にする。春菊は適当な大きさに切る。

5　巻き白菜を作る。白菜はゆでてざるにとって冷ます。ほうれん草をゆでて冷水にとって水気を絞り、4本に分け、白菜で巻いて、食べやすい大きさに切る（巻き白菜が手間ならば巻かなくてもいい）。

6　鍋に分量の水を入れて調味料を入れ、具材は一度に全部入れずに、金目鯛、はまぐり、豆腐を入れて火にかける。残りの具材は少しずつ入れる。

7　はまぐりの口があいたら食べごろ。春菊を入れてさっと火を通していただく。

魚は霜降りしておく

水に調味料を入れる

先に魚を入れる

8・1・1の展開

めんの汁は、温そばと温うどんで比率を変えます。

汁とともにいただく温かい汁めんは、ベースをかなり多くします。

そばは15、うどんは塩分があるのでさらに薄く20にし、酒を使います。

どちらもベースは水では物足りません。うまみのあるかつお出汁または煮干しや昆布などでとった出汁で作ります。

温そば

材料（２人分）
そば（乾めん） 200g
もどしわかめ　50g
三つ葉　６本
煮汁（15：1：0.5）
- かつお出汁　600㎖
- 薄口しょうゆ　40㎖
- みりん　20㎖

柚子の皮　少々

作り方

1　そばは袋の表示どおりにゆでて、流水で洗い、水気をきる。

2　わかめは一口大に切る。三つ葉は、3本ずつ束ね、ひと結びにする。

3　鍋に煮汁を入れて温め、ひと煮立ちしたら、そば、わかめ、三つ葉を加えて温める。火を止めて器に盛り、柚子を添える。

15：1：0.5

出汁　薄口しょうゆ　みりん

Q そばはみりん使用で、うどんは酒？

うどんに塩気があるというのは、うまみがあるということ。だから、うまみの強いみりんではなく酒にします。反対に、そばは塩気がないので、うまみをみりんで補うのです。つまり、「甘いはうまい」なのです。

＊冷たいめんのつゆ

そうめんのつゆは、基本の8・1・1に、追いがつお（削り節を足して煮立てる）をします。そうめんよりも個性のあるそばのつゆは、濃口しょうゆの8・1・1に追いがつおをします。追いがつおは、つゆにこくと深みをつけるためです。

なお、氷水を入れて食べるそうめんは、つゆが氷で薄まるので、4・1・1で合わせ、つゆを濃くします。

温うどん

材料（2人分）

うどん　2玉
かまぼこ　2切れ
ほうれん草　1株
長ねぎ　4㎝長さ4本
煮汁（20：1：0.5）
- かつお出汁　600㎖
- 薄口しょうゆ　30㎖
- 酒　15㎖

七味唐辛子　少々

作り方

1　うどんはゆでて流水で洗い、水気をきる。
2　ほうれん草はゆでて冷水にとって水気を絞り、4㎝長さに切る。ねぎは両側面に4〜5か所、包丁目を入れておく。
3　鍋に煮汁とうどんとねぎを入れて火にかけ、ひと煮立ちしてねぎに火が入ったら、器に盛り、具をのせ、七味唐辛子を好みでふる。

20：1：0.5
出汁　薄口しょうゆ　酒

吸い地は吸い物の味

吸い物のほかに、淡い色の煮物が作れます。

8・1・1と並んで味の基準となるのが、この吸い地《すじ》。
淡い色に仕上げたいときに、吸い地加減にします。
いわゆるお吸い物の味で、基本は1ℓのベースに
塩、薄口しょうゆ、酒を各小さじ1。
これは人間の体液と同じ、塩分濃度0.7〜0.8％です。
だから、塩気も強く感じずに、全部するすると飲み干せるというわけです。
この味で、吸い物から、吸い地加減の煮物が作れます。
まず、基本のかつお出汁をベースの吸い物と、
水ベースの魚の吸い物を紹介しましょう。
吸い地加減もそのときどきで変化可能です。
魚の吸い物のように、塩を使わずに1/25を薄口しょうゆにして、
吸い地加減にすることもできます。

出汁か水
1ℓ

＋

塩
小さじ1

薄口しょうゆ
小さじ1

酒
小さじ1

吸い地

豆腐とわかめの吸い物は、かつお出汁ベース。基本の吸い地加減で。

かつお出汁で作る基本の吸い物です。
かつお出汁ではなく、水出し煮干し出汁の上澄み（p.88参照）を使ってもいいです。

豆腐とわかめの吸い物

材料（2人分）

豆腐　200g
もどしわかめ　30g
三つ葉　6本
汁（基本の吸い地加減）
- かつお出汁　500mℓ
- 薄口しょうゆ　3mℓ
- 塩　3g
- 酒　3mℓ

作り方

1　豆腐は4切れに切る。わかめは5cm長さに切る。三つ葉は3本ずつ結ぶ。
2　鍋に汁と豆腐、わかめを合わせて中火にかけ、煮立ったら火を弱めて三つ葉を加え、器に盛る。

豆腐とわかめの吸い物

鯛の吸い物は、水ベース。薄口しょうゆ1/25の吸い地加減で。

基本の吸い地と違い、塩を使わずに薄口しょうゆと酒で吸い地加減にしました。
魚のうまみがあるので、出汁ではなく水です。
鯛以外にさわら、鯖などでも。

鯛の吸い物

材料（２人分）

鯛の切り身　４切れ（100g）
わけぎ　適量
生しいたけ　４枚
汁（$\frac{1}{25}$の吸い地加減）
- 水　500mℓ
- 薄口しょうゆ　20mℓ
- 酒　10mℓ

昆布　5㎝角１枚
木の芽　少々

作り方

1　鯛の両面に塩（分量外）をふって20～30分おく。
2　わけぎは５㎝長さに切り、しいたけは軸を取る。
3　たっぷりの熱湯に、わけぎとしいたけをくぐらせる。同じ湯で、鯛を霜降りし、水にとって汚れを取り、水気をふく。
4　鍋に汁、具、昆布を入れて中火にかけ、沸騰したら火を弱め、１分煮て火を止める。器に盛り、木の芽を添える。

鯛の吸い物

吸い地と8・1・1の二通りで

一つの食材で、二通りの煮方ができます。筍で、二つの若竹煮を。

二つの煮汁で煮た若竹煮です。吸い地加減で煮れば酒の肴に、濃口しょうゆの8・1・1で煮るとご飯のおかずになります。大根おろしの汁を使う筍のあくの抜き方も紹介しましょう。

吸い地加減の若竹煮

うまみの補強に煮干しを入れて、薄口しょうゆの吸い地加減で煮ました。

吸い地加減の若竹煮

材料（2人分）

筍（8等分してあく抜き）* 小1本分

もどしわかめ 50g

ふき 1本

煮汁（約$\frac{1}{25}$の吸い地加減）

- かつお出汁 320mℓ
- 薄口しょうゆ 12mℓ
- 酒 12mℓ

煮干し 3本

木の芽 少々

作り方

1 筍はあく抜き後下ゆでする。

2 ふきは、ゆでて、水にとってから皮をむき、5cm長さに切る。

3 鍋に煮汁と煮干し、筍を入れて火にかけ、煮立ったら火を弱め、20分くらい煮含める。

4 仕上りにわかめを入れて3分煮、ふきを入れて1分ほど煮て木の芽を添える。

汁には煮干しを入れて

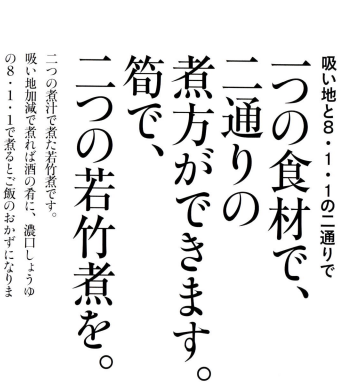

Q 煮干し、削り節での補強、その使い分けは?

あっさりした吸い地の若竹煮には、家庭的に仕上げるために濃いうまみの煮干しをプラス。しょうゆ味のほうは、濃口しょうゆ、みりんの甘みもあるので、煮干しよりもうまみが濃くない削り節をプラス。どちらにするかは、好みでかえてもいいです。

しょうゆ味の若竹煮

ご飯に合うように、濃口しょうゆの8・1・1で煮て。うまみの補強に削り節を加えます。

筍のあく抜きは大根おろしの汁で

大根おろしの汁と同量の水を合わせた中に、皮をむいて切った筍をつけてみてください。ぬかであく抜きしたものよりもあくが抜け、筍の新鮮な味わいも残ります。

材料

筍　1本

a ┌大根おろしの汁　200mℓ
　└水　200mℓ

1　筍は皮をむき、縦に8等分に切り分け、aの汁に2時間浸す。

2　水で洗い、たっぷりの水に入れて火にかけ、沸騰したら弱火で10分ゆでる。

しょうゆ味の若竹煮

材料（2人分）

筍（8等分してあく抜き）* 　小1本分

煮汁（8：1：1）

┌かつお出汁　320mℓ
│濃口しょうゆ　40mℓ
└みりん　40mℓ

削り節　少々

添えもの

┌長ねぎ　適量
│削り節　少々
└木の芽　少々

作り方

1　筍はあく抜き後下ゆでする。長ねぎは芯を取り、白い部分をせん切りにして水に放し、水気をきって白髪ねぎにする。

2　鍋に煮汁と筍、ペーパータオルに包んだ削り節を入れ、火にかける。煮立ったら弱火にし、15分煮含める。

3　器に盛り、白髪ねぎと削り節と木の芽を添える。

削り節を包んで入れる

吸い地と8・1・1の二通りで

大根を二つの煮方で。どちらも、ベースは水です。

大根の煮物というとふろふき大根が代表的ですが、おかずになる鶏手羽先との煮物を二つ紹介しましょう。

どちらも鶏がいいうまみになるのでベースは水です。しょうゆ味のほうは、みりんを加えて少し甘くしています。

大根は下ゆでを、鶏手羽先も霜降りしておきます。

いちばん大事なことは、大根は湯気がゆらゆらするくらいの弱火で煮ることです。

大根と鶏手羽先の
吸い地加減
仕上りにこしょうをきかせて。

大根と鶏手羽先の
しょうゆ煮
薄口しょうゆを減らした
8・0.5・1で少し甘くして。

Q 大根の下ゆでに米のとぎ汁を使うのはなぜ？

下ゆでがめんどうならば、直接煮てもいいですが、それでは煮えるまでに時間もかかり、煮汁も増やさなければなりません。

下ゆでには、米のとぎ汁でがよく知られています。これは、とぎ汁のでんぷん質が大根から出てきた苦みやあくに付着し、大根を美味しくしてくれるからです。

とぎ汁の用意がなければ、米を入れてゆでてもいいです。

竹串がスーッと入るくらいにゆでてください。

大根と鶏手羽先の吸い地加減

材料（作りやすい分量）

大根　12cm（400g）

とぎ汁　2ℓ*

鶏手羽先　4本

煮汁（吸い地加減）

- 水　1ℓ
- 塩　小さじ1
- 薄口しょうゆ　小さじ1
- 酒　小さじ1

昆布　10cm角1枚

薬味

- 長ねぎ　$\frac{1}{2}$本
- せりの葉　少々

こしょう　少々

＊2ℓの水に米50gでもいい。

作り方

1　大根は厚さ約3cmの輪切りにして皮をむき、面取りして、片面に十字の隠し包丁を入れる。1個約100gで4個作る。鍋にとぎ汁と大根を入れて火にかけ、竹串が通るくらいやわらかくなるまでゆでる。

2　別の鍋に熱湯を用意し、大根をくぐらせ、ざるに上げる（ぬか臭さを抜く）。

3　鶏手羽先は、たっぷりの熱湯に入れて霜降りし、冷水にとって水気をきる。

4　鍋に煮汁と大根、鶏手羽先、昆布を入れて火にかけ、沸騰する直前に火を弱め、煮立たないくらいにして（85～90℃）、20分ほど煮る。器に盛って薬味をのせ、こしょうをふる。

＊薬味の作り方

長ねぎは3cm長さに切り、芯を抜いて白い部分をせん切りにする。せりの葉とともに水に放し、合わせて丸め、水気をきる。

大根は下ゆでする

大根と鶏手羽先のしょうゆ煮

材料（作りやすい分量）

大根　12cm（400g）

とぎ汁　2ℓ*

鶏手羽先　4本

生しいたけ　4枚

煮汁（8：0.5：1）

- 水　600mℓ
- 薄口しょうゆ　40mℓ
- みりん　75mℓ

作り方

大根、鶏手羽先の下ごしらえは吸い地加減と同じ。しいたけは軸を落とし、さっと湯通しし、一緒に煮る。

＊2ℓの水に米50gでもいい。

吸い地と8・1・1の二通りで

里芋を二つの煮方で。おかずにおすすめは、いか里芋。

里芋を吸い地加減で煮る含め煮はご飯のおかずには向きません。おかずには、しょうゆ味のいか里芋がおすすめです。いかのうまみがあるのでベースは水、薄口しょうゆを半分にした、8・0.5・1で煮ます。

吸い地加減で煮るときは、甘みのある煮汁にし、里芋のうまみを強めます。

どちらの場合も下ゆでしますが、煮くずれしやすいので、少しかたさが残るくらいにしましょう。下ゆでは、しょうゆ味の場合は水で、白く仕上げる吸い地加減は米のとぎ汁か米を入れて。

Qいかの足だけ先に煮るのは?

いかは煮るほどにかたくなりますが、げそだけをまず先に入れてうまみを里芋に移し、胴体はあとで加えて煮すぎないようにします。

しょうゆ味のいか里芋

しょうゆ味のいか里芋
材料（作りやすい分量）
里芋　8個（240g）
いか　1ぱい
煮汁（8：0.5：1）
┌水　400mℓ
│薄口しょうゆ　26mℓ
└みりん　50mℓ
柚子の皮　少々

作り方
1　いかは、わたを抜き、足と胴に分けておく。胴は開かず、皮をつけたまま1cm幅に切る。
2　湯を沸かした鍋と冷水を用意し、さっといかを熱湯にくぐらせて冷水にとって霜降りする。
3　里芋はよく洗って泥を落とし、天地を切り落として皮をむき、たっぷりの水でかために下ゆでする（約3分）。
4　鍋に里芋といかの足、煮汁を入れて火にかける。落し蓋をし、沸騰したら弱火にして煮ていく。
5　煮汁が半分くらいになったら、いかの胴を入れて、2～3分落し蓋をして煮る。器に盛り、柚子の皮のせん切りを添える。

最初に足だけ

胴はあとで

吸い地加減の里芋の含め煮

吸い地加減の里芋の含め煮
材料（作りやすい分量）
里芋　8個（240g）
米のとぎ汁　1ℓ*
煮汁（甘みのある吸い地加減）
┌かつお出汁　500mℓ
│みりん　60mℓ
│酒　小さじ$\frac{1}{2}$
└薄口しょうゆ　小さじ$\frac{1}{2}$
削り節　約20g
＊1ℓの水に米大さじ2でもいい。

作り方
1　里芋はよく洗って泥を落とし、天地を切り落として皮をむく。
2　鍋に米のとぎ汁、里芋を入れて中火にかける。竹串を刺してスーッと入るまでゆでる。
3　別の鍋に熱湯を用意し、2の里芋をくぐらせ、ざるに上げる（米のぬか臭さを抜く）。
4　追いがつお用に、削り節をペーパータオルに包む。
5　鍋に煮汁と里芋、4の削り節を入れて中火にかけ、煮立ったら弱火にし、80～90℃で約20分煮て味を含ませる。

甘辛味が決まる 5:3:1

これさえあれば、
ご飯のおかずに困りません。
ぜひ、常備を。

冷蔵庫に、焼き肉のたれ、すきやきのたれ、焼きとりのたれなどをいろいろお持ちではないですか?

この甘辛だれがあれば、市販のたれは必要なくなります。

材料を合わせて瓶などに入れておけば、いつでもパッと加えることで、甘辛味が決まります。

しかも保存もききます。

5 : 3 : 1

みりん　酒　濃口しょうゆ

多めに合わせておくと、
毎回合わせなくてもすぐに使えます。
減ったら足しましょう。
保存もききます。

ご紹介する料理は7品。

中心まで味をつけるのではなく、たれをソースのようにからめる、が大事なポイント。ぶりの照焼き、ぶり大根、照焼きステーキ、鶏のくわ焼き、かきのしぐれ煮は、煮すぎないように途中で取り出しながら仕上げます。

ぶりの照焼き　作り方 p.46

ぶり大根　作り方 p.48

すきやき　作り方 p.44

かきのしぐれ煮　作り方 p.52

鶏のくわ焼き　作り方 p.51

照焼きステーキ　作り方 p.50

しいたけの甘辛煮　作り方 p.53

5・3・1の甘辛だれで

すきやき

すきやきには、いろいろこだわりの方法もありますが、この甘辛だれがあれば簡単です。さあ、作ってみてください。卵を器に割って、食べる用意もしておきましょう。肉に火が入りすぎないうちに、たれにからめたら、すかさず、です。

一緒におろししょうがもどうぞ。肉の味が引き立ちます。

Q入れる順番がある?

まず、しらたきを最初に入れて、よく炒めて水分を飛ばしましょう。

肉は、一度に入れずに少しずつ入れて、肉のうまみを引き出して野菜に移します。

しらたきを炒める

ごぼう、豆腐を入れる

甘辛だれを入れる

肉やねぎを入れる

牛すきやき風

材料（2人分）

牛バラ肉　300g
しらたき　1袋
ごぼう　$\frac{1}{2}$本
青ねぎ　1束
焼き豆腐　1丁
春菊　1束
甘辛だれ（5・3・1）
- みりん　300mℓ
- 酒　180mℓ
- 濃口しょうゆ　60mℓ

卵　適量
おろししょうが　20g
サラダ油　少々

作り方

1　ごぼうは洗って、ささがきにする。ねぎは斜めに切る。しらたきは水からゆでてざるにとり、15cm長さに切る。春菊は葉を摘み、半分に切る。焼き豆腐は10等分に切る。甘辛だれは合わせておく。

2　フライパンにサラダ油を熱し、しらたきを炒めて水分を飛ばし、ごぼうと焼き豆腐を入れてしらたきとからめる。

3　たれを加えて火を強めてアルコール分を飛ばし、牛肉とねぎを入れ、ころ合いを見て、春菊を加え、とき卵におろししょうがを添えて食べる。

5・3・1の甘辛だれで

ぶりの照焼き

網で焼きながらたれをぬる照焼きは、めんどうですね。フライパンで簡単に作りましょう。手順は四つ。

1 魚に塩をする
2 粉を薄くつける
3 途中で取り出す
4 たれをからめる

Q 塩をして、粉をつけるのはなぜ?

塩は、味が入りやすくするためです（p.22の「鯛の淡煮」参照）。粉がついていることで、たれがからみやすくなります。

塩をする

粉を薄くつける

甘辛だれを入れる

ぶりの照焼き

材料（2人分）

ぶり（80gの切り身）　2切れ

塩　少々

小麦粉　少々

サラダ油　小さじ1

野菜（好みのもので）

- ヤングコーン　2本
- 長ねぎ　5cm長さ2本
- ししとう　2本

甘辛だれ（5：3：1）

- みりん　100mℓ
- 酒　60mℓ
- 濃口しょうゆ　20mℓ

作り方

1　ぶりは両面に薄く塩をふって15分おき、水洗いして水気をふき取り、全体に小麦粉を薄くまぶす（刷毛でするといい）。ねぎの側面に包丁目を入れておく。

2　フライパンにサラダ油を入れ、1のぶりを入れて火にかけ、強火で熱して、香ばしい焼き色がついたら裏返す。

3　ペーパータオルでフライパンの汚れをきれいにふき取る。

4　甘辛だれを加えて、ぶりの表裏をさっと煮ていったん取り出す。

5　ヤングコーン、ねぎを入れ、汁を煮つめて、泡が大きくなったら、ぶりを戻し、汁をからめる。汁の泡が大きくなったら、ししとうを入れる。焦がさないように煮つめ、汁をからめて照りよく仕上げる。

ぶりの照焼き

5・3・1の甘辛だれで

ぶり大根は、ぶりを途中で取り出す。

ぶりを途中で取り出して、大根が煮えたころ合流させましょう。
ぶりはぶりの味、大根は大根のうまさが残る仕上りになりますよ。
ぶりはあらでもいいですが、手軽にできる切り身がおすすめです。

Q 途中でぶりを取り出すのですか？

魚は煮すぎるとパサパサになってしまいます。しっとりとうまみのある仕上りにするために、大根にぶりの味をいったん移したら、取り出して、最後に合わせれば、ぶりもふっくらと仕上がります。

ぶりを霜降り

大根とぶりを煮る

ぶりを取り出して大根だけ煮る

ぶりを戻す

ぶり大根

材料（2人分）

ぶり（80gの切り身） 2切れ

大根 4cm（180g）

米 少々

長ねぎの青い部分 1本分

甘辛だれ（5：3：1）

- みりん 150mℓ
- 酒 90mℓ
- 濃口しょうゆ 30mℓ

しょうが（薄切り） 1かけ分

長ねぎの白い部分 $\frac{1}{2}$本分

絹さや 5枚

作り方

1 大根は皮をむいて1cm厚さの輪切りにし（45gを4切れ）、鍋に入れてかぶるくらいの水と米を加え、強火にかける。ひと煮立ちしたら、中火にし、串がスーッと入るまで下煮する。

2 ぶりは40gくらいに切り分け、薄く塩（分量外）をして、20分くらいおく。

3 2のぶりをたっぷりの熱湯に入れ、さっと霜降りし、冷水にとる。

4 ねぎの白い部分は4cm長さに切って芯を除き、せん切りにして水に放す（白髪ねぎ）。

5 フライパンに大根とぶり、ねぎの青い部分を入れ、甘辛だれを入れて火にかける。沸騰したら2分ほど煮、ぶりを取り出す。

6 大根だけを煮て、汁の泡が大きくなったら、ぶりを戻して、薄切りのしょうがを入れ、汁をからめる。仕上げに、ゆでた絹さや、4のねぎを添える。

ぶり大根

5・3・1の甘辛だれで

照焼きステーキは途中で休ませながら。

肉を熱いフライパンに入れっぱなしでは肉がやけど状態になります。途中で取り出して休ませ、中をしっとり仕上げましょう。焼き加減はお好みで。厚い肉は、何回か出したり入れたりしましょう。

照焼きステーキ

材料（ステーキ１枚分）

牛ステーキ肉　１枚（150g）

塩、こしょう　各適量

牛脂　1かけ（またはサラダ油）

甘辛だれ（5：3：1）*

- みりん　100mℓ
- 酒　60mℓ
- 濃口しょうゆ　20mℓ

つけ合せ野菜

　ゆでたキャベツ、長芋　各適量

おろししょうが　適量

*たれの分量はステーキ１枚分。枚数に応じて増やす。

作り方

1　牛肉は冷蔵庫から出して室温に20分おき、両面に塩、こしょうをふる。

2　フライパンに牛脂を熱し、牛脂がとけてきたら牛肉を入れ、強火にして両面を焼き、出てきた脂をペーパータオルでふき取る。

3　甘辛だれを入れ、ひと煮立ちしたら肉を取り出す。１分ほどおき、フライパンに戻して20秒くらい汁をからめ、再び取り出して１分半休ませる。またフライパンに戻して汁を15秒からめる、を繰り返しながら焼いていく。

4　汁の泡が大きくなったら、最後におろししょうが小さじ１を入れて肉をからめて取り出す。残った汁は、とろみがつくまで煮つめる。

5　肉を好みの大きさに切り、器につけ合せの野菜と盛り、汁をかけ、おろししょうがを添える。

肉を取り出して休ませる

鶏のくわ焼きも途中で取り出して。

途中で取り出して、煮つまったたれをからめて。鶏には粉をはたいておくことで、たれとよくからみます。仕上げに刻んだ青じそを加えてもいいです。

鶏のくわ焼き

材料（2人分）

鶏もも肉　大1枚（約300g）
小麦粉　適量
長ねぎ　⅔本
生しいたけ　2枚
ししとう　4本
サラダ油　大さじ1
甘辛だれ（5：3：1）
みりん　150mℓ
酒　90mℓ
濃口しょうゆ　30mℓ

作り方

1　鶏肉は7～8㎜厚さの一口大にそぎ切りにし、小麦粉を薄くまぶす。
2　長ねぎは4㎝長さに切り、斜めに浅く包丁目（切り目）を入れる。しいたけは軸を落とし、ししとうは包丁の先で穴を1か所あける。
3　フライパンに油を熱し、鶏肉を入れて強火で焼く。こんがりと焼き色がついたら裏返し、長ねぎとしいたけをフライパンのあいているところに入れ、さらに焼く。
4　裏返した面にも焼き色がついたら、ペーパータオルでフライパンの焦げと油をよくふき取る
5　甘辛だれを入れ、味をからめたら、鶏肉を取り出し、汁を煮つめていく。汁の泡が大きくなったら、鶏肉を戻し、ししとうを入れ、味をからめる。

小麦粉をまぶす

5・3・1の甘辛だれで

かきのしぐれ煮は途中で取り出して。

煮すぎて、かきが小さく縮まってしまわないように途中で取り出して、ふっくらと仕上げましょう。のりをのせて磯の香りの味に。

かきのしぐれ煮

材料（2人分）

かき　2パック約12粒

焼きのり　2枚

しょうが　適量

甘辛だれ（5：3：1）

- みりん　150mℓ
- 酒　90mℓ
- 濃口しょうゆ　30mℓ

作り方

1　かきはたっぷりの熱湯に入れて霜降りし、水にとって、軽く手でもみ洗いをして水気をきる。

2　のりは細かくちぎる。しょうがはせん切りにし、水に放して針しょうがにする。

3　鍋にかき、甘辛だれを入れて火にかける。

4　煮立ったら、かきを取り出し、汁だけを煮つめる。

5　汁の泡が大きくなったら、かきを戻し、のりを入れて煮からめ、最後に針しょうがを加える。

かきを取り出す

取り出したかきを戻す

しいたけの甘辛煮は生しいたけで。

しいたけは、一年中手に入る生しいたけがおすすめです。干ししいたけよりももどす手間もなく、フレッシュなおいしさがあります。煮る前に霜降りしておくと、香りが上がってえぐみが取れ、味がすっきりします。

しいたけを霜降り

しいたけの甘辛煮

材料（２人分）

生しいたけ　16 枚

しょうが　１かけ

甘辛だれ（5：3：1）

- みりん　150mℓ
- 酒　90mℓ
- 濃口しょうゆ　30mℓ

長ねぎの青い部分　少々

作り方

1　しいたけは軸を取り、たっぷりの熱湯にくぐらせて霜降りし、ざるに上げる。水に放さなくていい。

2　しょうがはせん切りにし、水に放して水気をきる（針しょうが）。

3　鍋にしいたけと甘辛だれ、長ねぎの青い部分を入れて火にかけ、煮つめていく。泡が大きくなったら、しょうがを入れる。

たんぱく質は低温で

肉や魚を強火で加熱しすぎていませんか。

肉を強火で焼いてジューシーに仕上がるでしょうか？
たんぱく質は、65℃くらいを境に、
生から変化して凝固します。
65～80℃くらいを保って焼けば、
中はやわらかくジューシーに仕上がり、
うまみも残ります。
最近注目の低温調理がこの仕組みです。
とはいえ、生ではだめです。
生であって生でない状態を保たねばなりません。
甘辛だれのところで、
加熱の途中で取り出したのも同じ理由からです。
ぜひ、ふだんのおかず作りに生かしてください。
加熱しすぎない、
ジューシー仕上げのための方法を紹介しましょう。

豚肉を入れる

低温調理は日本料理にも。

低温調理の方法は、実は、日本料理にはもともとあります。

茶碗蒸し、おこわなどの蒸し料理がそれ。蒸気は100℃でも、蒸し器の中はちょうど80℃くらい。蒸気でゆっくりと火が入ってやわらかく仕上げる、まさに低温調理しているのです。

豚しゃぶは、熱湯でしゃぶしゃぶではなく、80℃の湯の中で静かにゆでます。

豚しゃぶも、牛しゃぶ同様に、熱湯に入れるとあっという間に加熱され、肉はやけど状態、かたくなってしまいます。

80℃の湯に入れて待つだけで、やわらかく加熱できます。

豆乳ベースのごまだれでどうぞ。ラー油を加えて、ピリッとさせています。

豚しゃぶ

豆乳ごまだれ

豚しゃぶ

材料（2人分）

しゃぶしゃぶ用豚バラ肉　200g

野菜

- きゅうり　40g
- にんじん　15g
- 長ねぎ　40g

豆乳ごまだれ

- 豆乳（成分無調整）　100mℓ
- 濃口しょうゆ　25mℓ
- 白練りごま　25g
- 砂糖　大さじ1
- にんにくのすりおろし　少々
- ラー油　少々

作り方

1　野菜はすべて5cm長さのマッチ棒くらいの太さに切って水に放し、ざるに上げて水気をきっておく。

2　豆乳ごまだれの材料を合わせて混ぜておく。

3　豚バラ肉は長さ10cmくらいに切る。

4　鍋に1ℓの水を入れて火にかけ、沸騰したら火を止め、300mℓの水を加えて温度を下げる（約70～80℃）。ここに3の豚肉を入れて、1分～1分30秒浸す。肉の量が多いと温度が下がるので、そのときは弱火にかけて70～80℃の温度をキープする。

5　肉の表面が白くなったら、ざるに上げて水気をきり、粗熱を取る。

6　1の野菜と豚肉を盛り、2のたれをかける。たれは、好みのものでも。

水を入れて低温に

たんぱく質は低温で

フライパンで作る和風ローストビーフ。

ローストビーフは、加熱を継続しないで、ゆっくりと休ませて中まで火を入れていく料理。仕上りの中心温度は約40℃、まさに生であって生でない料理、低温調理の代表です。オーブンを使わずにフライパン一つで簡単に作れる方法を紹介しましょう。和の味に仕上げるコツは、焼いたら熱湯をかけて脂を落とし、しょうゆだれをからめて味をつけることです。

Q フライパンだけでできる?

オーブンを使わなくてもフライパンでできます。簡単ですよ。ただし、肉の大きさも重要。5cm角くらいの肉で作りましょう。厚みがないと火入れ時間が変わってしまいます。

塩をして焼く

熱湯をかける

蓋をして煮る

煮汁をかけてホイルをかぶせる

和風ローストビーフ

材料（作りやすい分量）

牛もも肉（ローストビーフ用）* 400 ～ 500g
塩 5g
サラダ油 大さじ3
煮汁
- 酒 大さじ6
- 濃口しょうゆ 大さじ3
- 水 大さじ3
- 昆布 5㎝角１枚
- 長ねぎ（みじん切り） １本分
- 大葉（みじん切り） 10 枚分

こしょう 少々
水あめ 大さじ1
黄身おろし（大根おろし１カップ、卵黄２個分）
クレソン 適量
すだち １個
和がらし 少々

*牛肉は、４～５㎝角の形が調理しやすい。

作り方

1 牛肉は室温に１時間くらい出しておき、塩を全体にふって 20 分ほどおく。
2 鍋に湯を沸騰させて用意したら、フライパンにサラダ油を入れ、強火で牛肉の全面に焼き目をつける。沸騰した湯をかけて余分な脂と塩を落とし、水気をきる。
3 フライパンをきれいにし、煮汁の材料を合わせて入れて火にかけ、ひと煮立ちしたら2の肉を入れ、蓋（密閉できる）をして弱火で 10 分加熱する。途中、牛肉を転がして煮汁をからませる。
4 牛肉をバットなどに取り出す。残った煮汁を沸かし、こしょうと水あめを加えて煮つめ、とろみがついてきたら牛肉にかける。アルミホイルをかぶせ、そのまま粗熱が取れるまで室温におき、味をなじませる。
5 牛肉が冷めたら、食べやすい厚さに切って器に盛り、煮汁をかける。大根おろしと卵黄を合わせた黄身おろし、クレソン、すだち、和がらしを添える。

たんぱく質は低温で

塩ゆで豚は、弱火30分でやわらか肉に。

かたまりの豚肉も、沸騰した湯でぐらぐらと煮ません。ゆらゆらと湯気が立つくらいの弱火で煮るのが大事なポイントです。

ここでは、肉だけでなく野菜も一緒に煮て、あとで野菜をペーストにして、ソース代りに添えました。肉のうまみを吸った野菜が、やさしい味で豚肉とよく合います。

Q どんな鍋で？ 蓋は？

普通の鍋でいいです。蓋はしません。湯気とともに肉の臭みを飛ばします。煮る前に塩をし、霜降りも忘れずにしてください。

弱火は湯気がゆらゆら立つくらい。これがちょうど80℃です。すぐに食べずに冷めるまで待てば、ゆっくりと芯まで加熱が進み、でき上がります。

塩をして1時間

さっと霜降り

野菜と一緒に煮る

塩ゆで豚

材料（作りやすい分量）

豚肩ロース肉（かたまり）　500g

塩　15g

野菜*

- セロリの葉　50g
- にんじん　50g
- 長ねぎ　50g
- 玉ねぎ　100g

煮汁

- 水　1ℓ
- 薄口しょうゆ　100mℓ
- 酒　100mℓ

和がらし　適量

＊野菜はあるものでいい。

作り方

1　豚肉に塩をまぶし、1時間ほどおく。

2　野菜は粗く刻む（にんじん、玉ねぎは皮をむく）。

3　鍋にたっぷりの熱湯を用意し、1の豚肉を浸して霜降りし、冷水で洗い、水気をふく（塩が落ちる）。

4　鍋に煮汁を入れ、豚肉と2の野菜を入れて火にかける。

5　沸騰直前（約80℃）で弱火にし、30分煮て火を止め、そのまま室温まで冷ます。

6　冷めたら、肉と野菜を取り出す。野菜はフードプロセッサーでペースト状にする。肉は食べやすい大きさに切り、ペースト状の野菜と和がらしを添える。

＊保存するときは、煮汁につけたままで。

＊肉と野菜を取り出した汁は、スープになる。

たんぱく質は低温で

鶏むね肉は、弱火にして5分。切らずに手でさきましょう。

ぱさつきがちな鶏むね肉は、加熱しすぎに特に要注意です。でも、この方法なら簡単です。沸騰直前に弱火にして5分ゆでるだけです。ここでも、ゆらゆら湯気が立つくらいの80℃キープがポイント。ヨーグルトベースのごまドレッシングをかけてどうぞ。

Q 手でさくのですか？

ゆでた鶏むね肉をよく見てください。繊維のように肉の筋目が見えます。筋目は部位によって縦方向、横方向があるのがわかります。この筋目に沿ってさきましょう、包丁で切ったときとは味わいが違います。

弱火で５分ほどゆでる

筋目は縦横ある

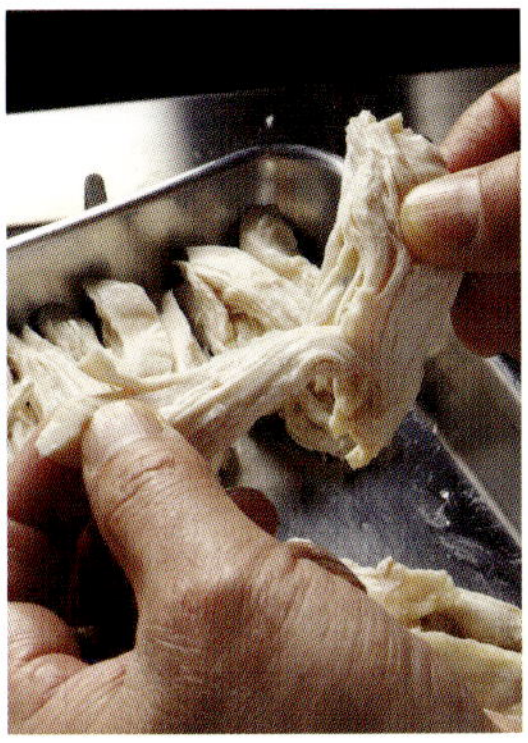

筋目に沿ってさく

ゆで鶏

材料（２人分）

鶏むね肉　１枚

水　800mℓ

昆布　8cm角１枚

ヨーグルトドレッシング

- ヨーグルト（無糖）　100mℓ
- 豆乳　50mℓ
- 薄口しょうゆ　大さじ1
- 白いりごま　10g

つけ合せ野菜（好みのもので）

- 長ねぎ（白い部分）、大葉、トマト、クレソン　各適量

作り方

1　鶏むね肉はたっぷりの熱湯に入れて霜降りし、水にとって軽く洗い、水気をきる。

2　鍋に分量の水と1の鶏肉、昆布を加えて中火にかける。沸騰直前に弱火にし、５分ほどゆでて火を止め、そのままゆで汁の中で、室温になるまで冷ます。

3　ヨーグルトドレッシングの材料を合わせて混ぜる。

4　2が冷めたら、食べやすい大きさに手でさいて器に盛り、３のドレッシングをかける。せん切りのねぎと大葉、一口大のトマト、クレソンの葉を添える。

*ゆで汁は、スープなどに利用できる。

ヨーグルトドレッシング

たんぱく質は低温で

豚肉のしょうが焼きも、弱火でやわらか仕上げに。

豚肉には、はじめに塩をして味をからみやすくしておきます。

焼くときは冷たいフライパンに入れて、弱火で焼いていき、たれはあとから入れ、豚肉を出したり入れたりしてからめましょう。しょうがは最後です。

Q 肉を出したり入れたり？しょうがは最後？

肉を熱したフライパンに入れて強火で加熱状態を続けると、かたくぱさついてしまいます。冷たいフライパンに入れ、じっくりと弱めの中火で焼いていき、いったん取り出して休ませながら焼くと、ジューシーに仕上がります。しょうがは早くから入れると苦みになります。最後に入れることで風味と香りがつきます。

冷たいフライパンに入れる

たれを入れる

途中で取り出す

豚肉のしょうが焼き

材料（2人分）

豚ロース肉（とんかつ用）　2枚
塩　少々
こしょう　少々
サラダ油　大さじ1
たれ（1：1：2）
┌しょうゆ　30mℓ
│みりん　30mℓ
└酒　60mℓ
しょうがのすりおろし　小1かけ分
つけ合せ野菜
┌キャベツ　4枚
└きゅうり、セロリ　各適量

作り方

1　豚肉は赤身と脂身の間に包丁を入れて筋を切り、両面に塩をふって15分ほどおき、表面の水気をふく（塩を多くふったときは、水でさっと洗って塩を落とす）。

2　フライパンにサラダ油をひき、直前にこしょうをふった豚肉を並べ、弱めの中火にかけて3分ほど焼く。肉の厚みの半分くらいまで火が通って色が白く変わったら、裏返して2分ほど焼く。

3　たれを合わせて2に加えて強火にし、煮立ったら軽くからめて、豚肉を取り出す。中火にしてたれを煮つめ、少しとろみがついたら、豚肉を戻し入れる、を5～6回繰り返す。

4　仕上げにしょうがのすりおろしを入れ、たれと肉をからめる。

5　豚肉を食べやすい大きさに切って、器に盛り、せん切りのキャベツ、薄切りのきゅうりとセロリを合わせて添える。

中はジューシー

たんぱく質は低温で

鶏のパリパリ焼きは冷たいフライパンから。

熱したフライパンに鶏肉を入れるのではなく、冷たいフライパンに皮目から入れて火にかけてみてください。身側を焼くのは、半分くらい焼けてからです。パリパリの皮は鶏皮が苦手な方にもおすすめです。

Q 冷たいフライパンに入れる？

熱くなったフライパンでは、皮目から入れても、肉を入れた瞬間に縮まって、均一に火が通らなくなります。鶏の皮を焼ききることで、この皮1枚が肉の身を保護することになるのです。脂が出てきますが、皮が焼けるまではふかないでください。この脂があることで、ちょうど蒸し揚げ焼きにしていることになります。

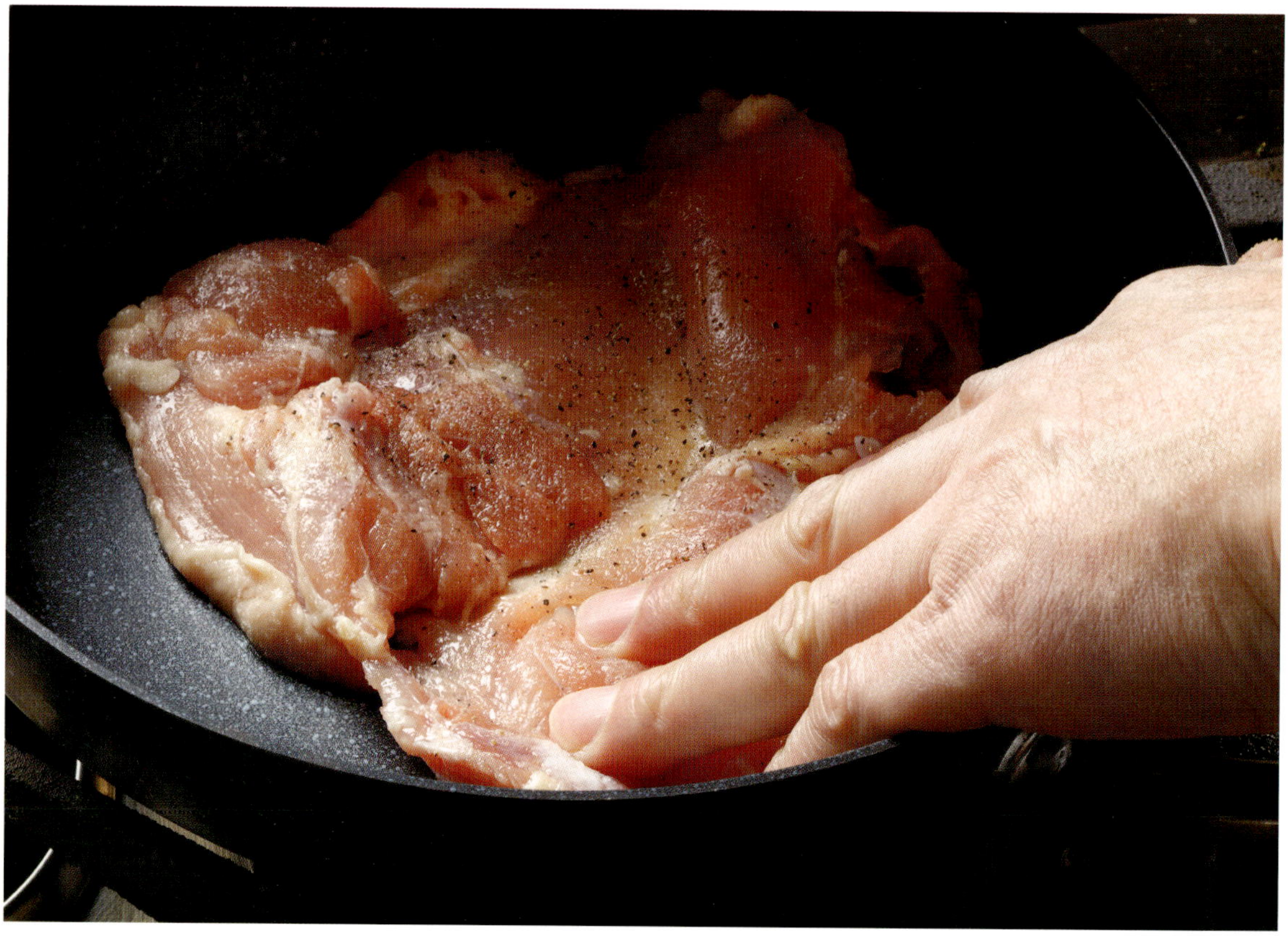

冷たいフライパンに入れる

鶏のパリパリ焼き
材料（2人分）
鶏もも肉　大1枚（約300g）
塩、こしょう　各少々
サラダ油　少々
つけ合せ
┌レモン　1切れ
└クレソン　2本

作り方
1　鶏もも肉の両面に塩、こしょうをふる。
2　フライパンに薄く油をひき、火をつけずにフライパンが冷たい状態で鶏肉を皮目から入れ、弱めの中火にかけて、アルミホイルをかぶせて焼く。
3　鶏肉から出てくる脂で揚げるようにして皮をパリパリに約7分焼く。途中フライパンを揺すって、焼きむらをなくす。厚みの半分くらいまで火が通って、色が白く変わってきたら上下を返す。
4　出てきた脂をふき取りながら約5分焼く。身の厚い部分に竹串を刺して透明な汁が出てきたら焼上り。
5　食べやすい大きさに切って、器に盛る。レモンは厚めの半月切りにして薄く皮をむき、クレソンと共に添える。

アルミホイルをかぶせる

皮がパリパリに焼けたら裏返す

鶏のパリパリ焼き

たんぱく質は低温で

いわしのつみれ汁は冷たい汁に入れるとふっくら。

つみれのだんごは、冷たい汁に入れてから火をつけます。沸いてきたら、弱火で静かに煮ましょう。沸騰させると、汁が対流して煮くずれしてしまいます。

Q 冷たい汁に入れたら、煮くずれしませんか?

しっかり練ってあれば冷たい汁でも煮くずれしません。冷たい水に入れることで、つみれからうまみが出て、水がいわしの味の煮汁になり、やわらかくふっくらしただんごになります。これは、冷たい煮汁に入れる魚の煮方と同じこと。熱い汁につみれを入れると火が入りすぎて食感が悪くなります。魚だけでなく、肉だんごも同様に冷たい汁から入れます。

いわしを包丁でたたく

つみれの材料を合わせる

冷たい汁に入れる

いわしのつみれ汁

材料(2人分)

つみれ

- いわし(三枚おろし) 150g
- 長ねぎ 1本
- みそ 15g
- 小麦粉 10g

煮汁

- 水 700mℓ
- 薄口しょうゆ 大さじ2弱(25mℓ)

わけぎ 2本

作り方

1 いわしの両面に薄く塩(分量外)をして15分おき、水洗いして水気をふく。

2 まな板の上にいわしを置き、包丁(1本でもいい)でたたいて、粒が少し残るくらいまで細かくする。ボウルに入れて、みじん切りにしたねぎとみそと小麦粉を入れて混ぜる。

3 煮汁の材料を鍋に入れ、2のいわしを丸めて入れる。

4 全部入れてから火にかけ、煮立ったら弱火にし、仕上りに3cm長さに切ったわけぎを入れる。

大事なご飯

ご飯は、炊飯器にお任せですか？

炊飯器でも15分浸水と15分水きりをしてください。
炊飯器でも土鍋でも、特別な銘柄の米でも、
米に充分に水を吸わせることが、美味しさにつながります。
なぜ、米に水を吸わせるか？
それは、米は、豆などと同じで乾燥しているからです。
しっかり米に水を吸わせたら、
水気をしっかりきってください。

水加減は1割少なめに

ご飯のかたさはお好みですが、基本の水加減は、
水気をきった米と同量の水です。
でも、同量よりも1割ほど少なめにして炊くと、
一粒ずつほぐれるように炊き上がります。
炊飯器の場合は、目盛りよりも3ミリ下くらいで。

生の米１合（150g）

１合の吸水後（約200g）

吸水後の９割の水分量（180g）

ご飯の炊き方

土鍋と炊飯器、どちらでもお好みで炊きましょう。

下準備（土鍋、炊飯器ともに同じ）
よく洗って（ごしごしとがなくていい）水に15分つけたら、ざるに上げて15分水気をきる。

●土鍋の場合
5段階の火加減で炊く
①沸騰まで強火（時間は各自の火力による）
②沸騰後、吹きこぼれない火力（中火弱）で7分
③米肌が見えたら、弱火で5分
④ごく弱火で7分
⑤火を止めて5分蒸らす
よく蒸らしてから、しゃもじでほぐして空気を入れると米つやがよくなります。ぬれ布巾をかぶせ、熱気がこもらないように蓋を少しずらしておきます。

●炊飯器の場合
早炊きモードで炊く
一般的な炊飯器は、浸水時間も含めての時間設定がされています。事前に浸水させて、水気がきってある米ならば、早炊きモードで大丈夫です。
炊上りの知らせが表示されたら、保温に入る少し前にスイッチを切ります。保温機能が入ってしまうと、加熱がずっと続く状態と同じになり、米の風味が悪くなるからです。
5分ほど蒸らしたら、しゃもじでほぐして空気を入れ、ぬれ布巾をかけます。蓋はずらせないので、少しあける工夫をしてください。

Q 無洗米の場合は？

無洗米といえども、吸水は必要です。そうでないと米に水分を含んでいない乾燥のままで炊くことになってしまいます。さっと水で洗ってから水を吸わせましょう。

大事なご飯

炊込みご飯は、おかず入りご飯。比率は10・1・1。10は米と同量の水、具のうまみがあるので出汁は不要です。

炊込みご飯は、具をたっぷり加えて作りましょう。

その昔、家庭で炊込みご飯を作るときは、汁はお吸い物、おかずは特になく、漬物かゆで野菜くらいだったものでした。おかずは、ご飯と炊き込んであったからですね。

水（米と同量）10・薄口しょうゆ1・酒1、これで、炊き汁の分量は吸水後の米の9割になります。

米１合（150g）
吸水後（約200g）

炊き汁
（吸水後の米の９割180g）

水（元の米と同量150g）　薄口しょうゆ（15g）　酒（15g）

Q出汁で炊かなくていいのですか?

炊込みご飯には、だしはいりません。水でいいです。米と具、調味料のうまみで炊きましょう。

具を入れるタイミングは素材で変える

魚、肉、きのこなどを早くから入れると、火が入りすぎて、ぱさついて形もくずれてしまいます。具のかたさ、厚みに合わせて、入れ方を変えましょう。

入れ方は「初めから」「途中で」「炊上りに」の3パターンあります。

●えんどう豆、筍、栗、芋など生のものは初めから入れる。

●薄切りの魚、肉、きのこ類などは途中で入れる。

●じゃこ、桜えび、しょうが、のり、青菜、新茶など、火がすぐに入り、香りや彩りを大事にしたいものは、炊上りに入れる。

*炊飯器によっては、途中で蓋をあけると、電気が切れてしまう機種もあります。その場合は土鍋や厚手の鍋で炊いてください。

鯛ご飯 作り方p.72

大事なご飯

具を途中で入れる鯛ご飯。

土鍋で炊いていて、強火から火を弱めて7分炊いたころが、米肌が見えるころ。用意しておいた具を手早くのせましょう。

鯛ご飯

材料（作りやすい分量）

米　3合

炊き汁（10：1：1）

- 水　450㎖
- 薄口しょうゆ　45㎖
- 酒　45㎖

鯛（刺身用のさく）　150g

木の芽　適量

作り方

1　米は洗って、15分浸水させ、ざるに上げて水気をきって15分おく。

2　鯛はさくのまま塩（分量外）をふり、20～30分おく。水で洗って水気をふき、一口大に切る。

3　鍋に1の米と炊き汁を入れて、蓋をして強火にかける。沸騰したら吹きこぼれないくらいに火を弱め（中火弱）、蓋を少しずらしてフツフツと沸く状態を保ちながら7分炊く。

4　水分が減って米肌が見えてきたら、2の鯛をのせる。蓋をしてさらに弱火で5分、ごく弱火にして7分炊き、火を止めて5分蒸らす。蒸らしてから、木の芽を散らす。

*盛るときは、鯛の切り身を別に取り出しておき、ご飯の上に飾るといい。

米肌が見えたころ鯛をのせる

炊上りに具を入れるじゃこご飯。

手軽に炊込みご飯が楽しめるのがこの方法です。季節の香りのものと合わせて、いろいろ楽しみましょう。水気がなくなったころに入れます。

じゃこご飯
材料（作りやすい分量）
米　3合
炊き汁（10：1：1）
- 水　450mℓ
- 薄口しょうゆ　45mℓ
- 酒　45mℓ

ちりめんじゃこ　70g
山椒のしょうゆ煮　20g

作り方
1　米は洗って15分浸水させ、ざるに上げて水気をきって15分おく。
2　鍋に1の米と炊き汁を入れて、蓋をして強火にかける。沸騰したら吹きこぼれないくらいに火を弱め（中火弱）、蓋を少しずらしてフツフツと沸く状態を保ちながら7分、表面の水気がなくなってきたら蓋をして弱火で5分、じゃこを入れ、さらにごく弱火にして7分炊く。
3　火を止め、5分蒸らす。仕上げに山椒を入れて、全体にさっくりと混ぜ合わせる。

じゃこを入れる

大事なご飯

かたさの違う具材は、二段階で。豚肉とさつまいもの炊込みご飯。

さつまいもは初めに、豚肉は途中で入れて。豚肉は最初から入れるとパサパサしてしまうので、途中から。さつまいもは火が入るまでに時間がかかるので、初めからというように、入れる具のかたさに合わせて、タイミングを変えます。
三つ葉やこしょうは彩りと香りを生かしたいので最後に。

さつまいもは初めに

米肌が見えたころ

豚肉を入れる

豚肉とさつまいもの炊込みご飯

材料（作りやすい分量）

- 米　3合
- 炊き汁（10：1：1）
  - 水　450mℓ
  - 薄口しょうゆ　45mℓ
  - 酒　45mℓ
- 豚バラ肉　120g
- さつまいも　200g
- 三つ葉　適量*
- 黒粒こしょう　少々

*わけぎや季節の香りの葉でもいい。

作り方

1　米は洗って15分浸水させ、ざるに上げて水気をきって15分おく。

2　豚肉は2〜3cm幅に切る。鍋にたっぷりの熱湯を沸かし、豚肉をさっとくぐらせて霜降りして水にとり、水気をきる。

3　さつまいもは3cm長さくらいの一口大に切り、水に5分ほどさらして水気をきる。

4　鍋に1の米と3のさつまいもと炊き汁を入れ、火にかける。蓋をして、沸騰するまで強火で炊く。

5　沸騰したら火を弱め（中火弱）、蓋を少しずらしてフツフツと沸く状態を保ちながら7分、米肌が見えるくらいになったら2の豚肉を入れ、蓋をして弱火で5分、さらにごく弱火にして7分炊く。火を止めて5分蒸らす。

6　蓋をあけ、小口切りにした三つ葉と黒粒こしょうをふり、全体をさっくりと混ぜ合わせる。

工夫が楽しい

料理は、一つのレシピでも、
いろいろに応用できる
楽しさだと思います。

まず、レシピを見たら、
同じ魚にしなければいけないとか、
つけ合せまで同じものにしなくてもいいのです。
手に入るもので作ってみる。
そうするとご自分なりの
工夫の味になっていくはずです。

一つの根菜の汁があれば

大根、里芋、にんじん、ごぼうなどの根菜としいたけ、こんにゃくを切りそろえて、水で煮て8人分の汁を作りました。出汁は使わず、根菜のうまみたっぷりの汁です。

さて、何を作りましょう。

材料は切りそろえる

基本の根菜の汁
材料（8人分）
大根　200g
にんじん　100g
里芋　200g
こんにゃく　150g
生しいたけ　6枚
ごぼう　100g
汁
┌水　2ℓ
└昆布　10㎝角1枚

作り方
1　大根とにんじんは皮をむいて8㎜幅のいちょう切りに、里芋は皮をむいて一口大に切る。こんにゃくはスプーンで一口大にちぎる。しいたけは軸を落として4等分に切る。ごぼうはよく水で洗い、3㎜厚さの小口切りにする。
2　ごぼう以外の材料をたっぷりの熱湯に3秒浸し（霜降り）、ざるに上げて水気をきる。ごぼうをさっと水で洗う。
3　鍋に分量の水と2と昆布を入れて中火弱にかけ、沸騰したら、あくをすくい、野菜がやわらかくなるまで火を通す。

8人分の根菜の汁

工夫が楽しい

一つの汁が4種類の汁に。

たっぷり作った8人分の根菜の汁を冷蔵庫に保存しておけば、食べたい好みの味の汁がすぐに作れます。2人分の四つに分けて、魚や肉を足したら、具だくさんのおかずの汁が4種類できました。具を変えて、毎日楽しんでみてはいかがでしょう。

かき汁

豚汁

かき汁
材料（2人分）
A 基本の根菜の汁（p.77）$\frac{1}{4}$量
かき　200g
もどしわかめ　50g
長ねぎ　1本
薄口しょうゆ　15mℓ

作り方
1　かきはたっぷりの熱湯に15秒浸し、水にとって汚れを取り、水気をきる。
2　わかめは5cmに切る。長ねぎは1cm幅の小口に切る。
3　鍋にAとかき、わかめ、ねぎを入れ、薄口しょうゆを入れて火にかけ、沸騰したら、あくをすくい、器に盛る。

豚汁
材料（2人分）
A 基本の根菜の汁（p.77）$\frac{1}{4}$量
豚バラ肉（スライス）　100g
長ねぎ　$\frac{1}{2}$本
みそ　30g

作り方
1　豚肉は3cm幅に切る。長ねぎは1cm幅の小口に切る。
2　豚肉はたっぷりの熱湯にくぐらせて霜降りし、水にとって軽く洗い、水気をきる。
3　鍋にAと豚肉と長ねぎを入れ、みそを溶き入れて火にかけ、温まったら器に盛る。

粕汁

けんちん汁

粕汁

材料（２人分）

A 基本の根菜の汁（p.77）　$\frac{1}{4}$量

鮭（甘塩）　２切れ

油揚げ　１枚

長ねぎ　１本

練り粕*　50g

みそ　40g

七味唐辛子　少々

＊練り粕は、板粕よりもやわらかいもの。板粕を酒でやわらかく練ってもいい。

作り方

1　鮭は一口大に切り、焼いておく。

2　油揚げは熱湯をかけて油抜きし、横半分に切ってから１cm幅の短冊に切る。長ねぎは１cm幅の小口に切る。

3　鍋に A と鮭、油揚げ、長ねぎを入れ、粕とみそを合わせて溶き入れ、火にかけて温まったら器に盛る。好みで七味唐辛子をふる。

けんちん汁

材料（２人分）

A 基本の根菜の汁（p.77）　$\frac{1}{4}$量

油揚げ　１枚

木綿豆腐　100g（約$\frac{1}{3}$丁）

長ねぎ　$\frac{1}{2}$本

薄口しょうゆ　20mℓ

作り方

1　油揚げは熱湯をかけて油抜きし、横半分に切ってから１cm幅の短冊に切る。長ねぎは１cm幅の小口に切る。

2　鍋に A と油揚げと長ねぎを入れ、豆腐は手でくずしながら加える。薄口しょうゆを入れて火にかけて温め、器に盛る。

工夫が楽しい

ごま豆腐を二つの味に。

ごま豆腐をしょうゆ味にすれば、料理の一品に、砂糖で味つけすれば、甘味の一品になります。

固めるのは、くず粉ではなくゼラチンです。本来のごま豆腐は昆布出汁で作りますが、ここでは豆乳のうまみを利用したごま豆腐を紹介しましょう。豆乳は水で薄めて使います。

Q くず粉ではなくゼラチンで？

そうです。ゼリーの材料の冷やせば固まるゼラチンで作ります。

ごま豆腐は、手間のかかる修業のような作り方をしなければいけないと思われていますが、昔はくず粉しかなかったからなのです。昔ながらの方法だけにとらわれずに、便利なもので手軽に作りましょう。ごまも、市販の練りごまを使えば、時間をかけずに簡単にできます。なお、寒天でも固まりますが、口当りよくなめらかに仕上がるのは、ゼラチンです。

甘味のごま豆腐、黒みつがけ

しょうゆ味のごま豆腐

甘味のごま豆腐、黒みつがけ

材料（15×12cmの流し缶１台分）

豆乳（成分無調整）　200mℓ
水　200mℓ
砂糖　20g
粉ゼラチン　10g
練りごま　50g
黒みつ*　適量
ミントの葉　少々
＊黒みつの作り方は下記参照。

作り方

薄口しょうゆを砂糖にかえて、しょうゆ味のごま豆腐と同様に作り、黒みつ、ミントを添えていただく。

＊黒みつ

材料（作りやすい分量）

水　200mℓ
黒砂糖　150g
上白糖　130g
水あめ　大さじ2
酢　大さじ1

作り方

すべての材料を鍋に入れ、中火にかけてゆっくり溶かしながら、混ぜ合わせる。（白砂糖や水あめに酢を入れることで、さっぱりと、おだやかな甘みになる）

しょうゆではなく砂糖で

豆乳を水で割る

ゼラチンを入れる

薄口しょうゆを入れる

練りごまと合わせる

流し缶で冷やして

しょうゆ味のごま豆腐

材料（15×12cmの流し缶１台分）

豆乳（成分無調整）　200mℓ
水　200mℓ
薄口しょうゆ　小さじ２
粉ゼラチン　10g
練りごま　50g
たれ（6：1：1）
かつお出汁　180mℓ
濃口しょうゆ　30mℓ
みりん　30mℓ
削り節　ひとつまみ
わさび　少々

作り方

1　ゼラチンを同量の水にふり入れて、ふやかしておく。
2　豆乳と分量の水を鍋に入れて火にかける。沸騰しないように気をつけ、60℃くらいまで温め、1のゼラチンを入れて溶かし、薄口しょうゆを加えて冷ます。
3　ボウルに練りごまを入れ、2が冷めたら、少しずつ加えながら、よく混ぜ合わせる。
4　流し缶に3を流し入れて、冷やし固める。
5　たれの材料と削り節を合わせて鍋にかけて、こしておく。
6　流し缶から取り出して切り分け、たれをかけ、わさびを添える。

工夫が楽しい

みそヨーグルト漬けは東西の発酵食の融合です。

ぬか漬けを作っていますか？

生野菜とは違って、ぬか漬けの野菜にはうまみと栄養がいっぱい。日本の美味しさの一つですが、世話がめんどうで……という方が多いですね。

ぬかみそに匹敵するヨーグルトとみそで作る漬け床を紹介しましょう。床を作って3時間で漬かります。ぬかみそ漬けのように、毎日混ぜる手間も不要です。

ぬかみそに比べれば、一見手抜きのようですが、ヨーグルトもみそも発酵食品。野菜のうまみと融合した味わいは、まさにサイエンス・科学の味、決して手抜きではありません。漬け床は3回使えます。また1回目の漬け床はみそ汁にも活用できます。野菜には塩をしてから漬けてください。

Q 漬ける前に塩を？

塩は野菜にこすりつけます。これで野菜の表面に塩で傷がつき、漬け床の味が入りやすくなるのです。表面の塩は洗って、塩気を落としてから漬けてください。

みそヨーグルト漬け
材料（作りやすい分量）
漬け床（3：1）
┌みそ　210g
└ヨーグルト　70g
野菜
┌きゅうり、なす、にんじん、
└長芋など好みのもの　適量

作り方
1　みそとヨーグルトを合わせて、保存袋に入れ、漬け床を作る。
2　きゅうり、なす、にんじんは両端を切り、半割りにする。長芋は10cm長さの縦四つ切りにする。
3　野菜に塩（分量外）をこすりつけ、10～15分おいて水洗いして塩を落とす。1の袋に入れ、冷蔵庫で保存する。約3時間で食べごろに漬かる。
＊1回漬けたあとの漬け床のみそヨーグルトは、みそ汁に使える。500mℓの汁に大さじ4が目安。

みそヨーグルト漬け

野菜に塩をして

みそ汁のみそに

3：1
みそ　ヨーグルト

工夫が楽しい

酢の物は、二杯酢、加減酢、土佐酢をお好みで。

酢の物で大事なことは、どこの銘柄の酢を使うかではなく、酢をいったんひと煮立ちさせること。酸味が飛んで、まろやかになります。使う酢は穀物酢で充分。米酢は、くせというか香りとうまみが強いです。これが料理によっては邪魔になることがあります。三つの合せ酢を知っておけば、応用自在です。決りごとはありません。

味を知って、好みで使ってください。ひと煮立ちさせるのは、電子レンジでもいいです。必ず耐熱容器に入れて、1分ほどかけてください。

酢は煮立てて

●二杯酢

1（酢）・1（濃口しょうゆ）

合せ酢の基本。酸味がきっちり感じられる味。ところてんが代表。えびやかになどのうまみの強い魚介などに。酢をひと煮立ちさせて合わせる。

●加減酢

7（出汁）・1（酢）・1（薄口しょうゆ）＋追いがつお

二杯酢に出汁と削り節を加えた、そのまま飲める酢。材料を合わせてひと煮立ちさせて用いる。もずく、じゅん菜、野菜、刺身などにかける。

●土佐酢

3（出汁）・2（酢）・1（薄口しょうゆ）・1（みりん）

みりんが加わり、加減酢よりも甘め。材料を合わせてひと煮立ちさせて用いる。酢の物全般のほか、いわしや鴨の煮物にも使える。かつお節を使用していることから土佐と名づけられている。

加減酢

7：1：1＋追いがつお
出汁　酢　薄口しょうゆ

もずく酢
材料
もずく　適量
加減酢（7：1：1）
かつお出汁　140mℓ
穀物酢　20mℓ
薄口しょうゆ　20mℓ
削り節　少々

作り方
加減酢の材料と削り節を鍋に入れて火にかけ、ひと煮立ちしたら冷ましてこす。もずくにかけ、好みでおろししょうがを添える。

二杯酢

1：1
酢　濃口しょうゆ

ところてん
材料
ところてん　適量
二杯酢（1：1）
穀物酢　50mℓ
濃口しょうゆ　50mℓ

作り方
酢をひと煮立ちさせ、冷ましてからしょうゆと合わせ、ところてんにかける。好みで、ねぎ、大葉、しょうがのみじん切り、いりごま、和がらしを添える。

土佐酢

3：2：1：1
出汁　酢　薄口しょうゆ　みりん

たことわかめ土佐酢
材料
ゆでたこ　適量
きゅうり　適量
もどしわかめ　適量
しょうがのせん切り　少々
土佐酢（3：2：1：1）
かつお出汁　60mℓ*
穀物酢　40mℓ
薄口しょうゆ　20mℓ
みりん　20mℓ
*かつお出汁がなければ、水 60mℓにし、昆布 3cm角 1 枚、削り節 2g を加える。

作り方
1　たこはそぎ切りにする。きゅうりは薄切りにして塩少々（分量外）をふってしばらくおき、水洗いして水気をきる。わかめは食べやすい長さに切る。
2　土佐酢の材料全部を鍋に入れて火にかけ、ひと煮立ちしたら冷ましてこす。盛り合わせたたこ、きゅうり、わかめにかけ、しょうがのせん切りを添える。

出汁もいろいろあります

基本は「かつお出汁」、1分でできます。

出汁用の昆布と削り節、80℃の湯の用意を。


昆布とかつお節でとる「かつお出汁」は出汁の基本です。相互のうまみの相乗効果で、いろいろなものと相性がいいことから、和食の出汁の代名詞となっていますね。

とり方は、たくさんの削り節を鍋に入れて……というテレビの映像が焼きついていませんか？

でも、それは必要ありません。

少しの材料でとれる超簡単な方法を紹介しましょう。

Q 80℃の湯で1分？ 沸かすと思っていました

乾物からうまみが出てくる温度がちょうど80℃なのです。温度を上げすぎると渋みやえぐみが出てしまいます。うまみだけをとる温度で火にかけずに出汁をとります。ポットの湯などがちょうどいいですが、鍋で沸かした湯は、ボウルに入れ替えて温度を下げましょう。

Q 削り節や昆布は、どんなものを？

まずは手に入りやすいパック入りのものでいいです（厚削りではないもの）。昆布は出汁昆布として売っているものにしてください（p.9参照）。いろいろ試して、好みのものに決めるといいでしょう。

ボウルに入れた 80℃の湯に、昆布を入れる。

削り節を入れ、1 分おく。

ペーパータオルなどを通して、静かにこす。これが一番出汁。
こした削り節と昆布はさらに活用できる（p.90 参照）。

かつお出汁の一番出汁

材料
湯　1ℓ
昆布　5g
削り節　10 ～ 15g

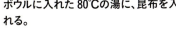

出汁もいろいろ

煮干しは水出しに。上澄みが上品なお吸い物になります。

煮干しは、みそ汁の出汁にしたり、煮物にそのまま入れたりと、庶民の暮らしに欠かせませんでした。

その煮干しで上品な出汁が作れます。煮出すのではなく、水出しにするのです。

Q 煮干しの臭みはないですか?

煮干しとはいえ、水出しした上澄みは上品な澄んだ液になり、一番出汁としてお吸い物の出汁に使えます。

煮干し臭さもありません。

残った煮干しは、二番出汁として煮立てて活用しましょう（p.91参照）。

煮干しの上澄みでかき玉汁に

材料（2人分）
上澄み出汁　300mℓ
薄口しょうゆ　15mℓ
卵　1個
せり　5本

作り方
1　出汁に薄口しょうゆを加えて、火にかける。
2　沸騰したら、5cm長さに切ったせりを入れ、とき卵を回し入れる。

かき玉汁

水出し煮干しの一番出汁

材料
水　1ℓ
煮干し（頭とわたを外す）*　25g
*小さい食べる煮干しなどは、頭とわたを外さなくてもいい。

作り方
1　分量の水に煮干しを入れて3時間〜ひと晩おく。
2　こして、上澄みは吸い物などの出汁に用いる。こした煮干しは二番出汁に。
※長時間おくと濁るので注意。

煮干し（頭とわたを取って）

出汁もいろいろ

かつお出汁のエコ活用

一番出汁をとった、削り節と昆布には、うまみが残っています。出汁がらで二番出汁に、さらにおかずにと三回活用すれば、無駄もなくエコになります。

二番出汁に

一番出汁でこした削り節と昆布に、湯500mℓを加えて5分おき、こす。
煮物、みそ汁などに充分使える。

出汁がらを利用

ぽん酢漬け削り節

削り節の水気をきって、ぽん酢に漬けると、
かつお味のぽん酢だれとなる。
ゆでた青菜とあえたり、
冷ややっこにのせるなどに活用できる。

ぽん酢漬け昆布

昆布を細く刻んでぽん酢に漬ける。
酸味のきいた昆布となり、
そのまま食べたり、サラダに入れる
などに活用できる。

あえ物に

ゆで野菜に、ぽん酢漬け
削り節をかけてあえる。

出汁もいろいろ

水出し煮干しのエコ活用

水出し煮干し出汁の上澄みをこした煮干しは、煮出していないので、まだまだ充分にうまみが残っています。二番出汁、さらに煮干しでおかずとして、活用しましょう。

二番出汁に

一番出汁でこした煮干しに 1ℓの水と昆布 10gを入れて火にかけ、沸騰したら、こす。煮物、みそ汁、うどんやそばの汁などに用いる。

水と昆布を入れる

火にかける

出汁がらを利用

二番出汁でこした煮干しはまだ味があるので、炒めたり、天ぷらの具としても活用できる。

煮干しの炒め物

フライパンに油を熱し、煮干しと薄切りにしたねぎとしいたけを炒め、しょうゆで味つけして。

ぽん酢の作り方

柑橘類のしぼり汁と酢同量を合わせ、1.5 倍の濃口しょうゆを混ぜるだけ。すぐに使えるが、2〜3日おくとうまみが増してくる。瓶などに入れて、冷蔵保存を。10 日くらいで使いきる。柑橘類は、みかん、オレンジ、レモン、ゆずなど好みのもので。酢の量は柑橘類の酸味によって加減を。ごま油を加えれば中国風の味も楽しめる。

出汁もいろいろ

鶏も出汁に。もも肉を水からゆでてとります。

鶏でとる出汁というと、フレンチのブイヨンを想像されるかもしれませんが、フレンチのように時間をかけなくても、美味しいさっぱりとした出汁がとれます。大事なことは、霜降りをしてから水から火にかけて、沸騰させずにゆらゆらと湯気が立つくらいの80℃キープを。

Q 鶏ガラではなく、もも肉？

鶏ガラは骨だけ、せっかく出汁をとっても食べられません。もも肉ならば、肉のうまみも引き出され、出汁をとったあとで肉のおかずとして食べられます。何より、時間のかかるガラより、もも肉のほうが短時間ですみます。

鶏もも肉

熱湯に入れて霜降り

白くなったら取り出す

冷水にとる

昆布を入れて火にかける

鶏もも出汁

材料（作りやすい分量）

鶏もも肉　1枚（約 250g）

水　800mℓ

昆布　10cm角 1 枚

作り方

1　鍋にたっぷりの熱湯を沸かし、鶏もも肉を入れる。

2　さっとくぐらせて、表面が白くなったら取り出す。

3　冷水にとって軽く洗って水気をきる (霜降りp .9 参照)。

4　鍋に分量の水を入れ、3の鶏肉、昆布を入れて火にかける。

5　沸騰直前に火を弱め、80℃をキープしながら約 15 分煮る。途中、あくが出たら取り除く。

6　鶏を取り出し、だしと分ける。

できた鶏の出汁

出汁もいろいろ

魚の骨も出汁に。あらを水からゆでてとります。

魚は、骨つきのあらなどを使いましょう。西洋料理の魚のブイヨン作りよりも、短時間で簡単にできます。魚の栄養素もたっぷり、まさに味わえるサプリメントです。

Q 生臭くはなりませんか?

鮮度の悪い魚ならば、何をしても生臭いです。でも、今のスーパーは流通がいいので、鮮度の悪い魚は置いていません。そして、ちゃんと霜降りをしてから煮れば、魚の臭みは取れます。煮立ったら弱火に! これが大事です。鶏の出汁と同様にゆらゆら湯気が立つくらいで煮ましょう。

魚の骨（鯛）

Q 魚の骨でないとだめ？

骨がなければ、身でもいいです。出汁もとれて、身を食べられます（p.35の鯛の吸い物参照）。鯛でなくても、鮭や鯖でも、あらなどでもいいですよ。

熱湯に入れて霜降り

冷水にとる

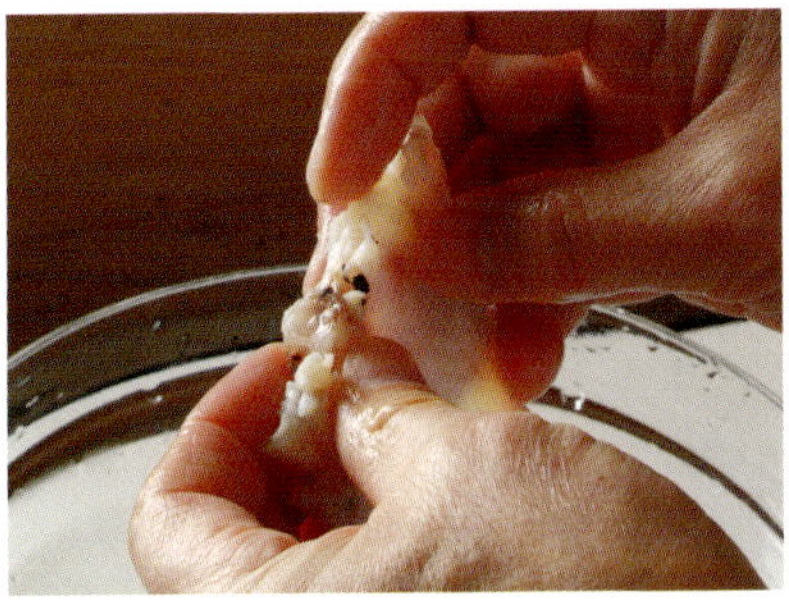
汚れなどを取る

沸く前に水をさす

魚の出汁

材料（作りやすい分量）

魚（鯛）の骨　100 ～ 150g

塩　適量

水　1ℓ

昆布　10㎝角 1 枚

作り方

1　魚の骨の全面に塩をして 20 ～ 30 分おいたら、たっぷりの湯を沸かした鍋に入れる。

2　さっと入れたら、冷水にとる (霜降り p.9 参照)。

3　汚れなどを洗い、水気をきる。

4　鍋に分量の水と3の魚の骨と昆布を入れて火にかける。煮立つ寸前に水を 200mℓほど入れて、ごく弱火にする。

5　昆布を取り出し、丁寧にあくをすくいながら、15 分ほどうまみが出るまで煮出して、こす。

できた魚の出汁

鶏の出汁で かぶと豆腐の煮物

鶏出汁で、大きめに切ったかぶと
豆腐を弱火でさっと煮ました。
簡単に、刻んだねぎやきのこで
スープにしても。

出汁をとった 鶏肉をおかずに

もも肉は、鶏出汁に入れて具として
煮てもいいですが、別の一品にすれば、
おかずになります。これは、
食べやすい大きさに切り、みじん切りの
ねぎを添え、ぽん酢をかけたもの。

魚の出汁で野菜の煮物

魚の出汁で野菜を煮て、魚のうまみを
野菜に移しましょう。
火が入りやすい、白菜とねぎを用いました。
ゆでた青菜をさっと煮てもいいです。

出汁もいろいろ

鶏の出汁、魚の出汁は、くどくない淡味の味わいの煮物にしましょう。

鶏の出汁も魚の出汁も、淡味のうまみと滋味深いおだやかな味わいの力があります。こうした出汁に美味しくなると思って、さらにスープの素などを入れたりしていませんか？　それでは淡味にはなりません。出汁のうまみと食材のうまみがけんかしてしまい、くどい味になってしまいます。

うまみの多い鶏、魚の出汁には、強い個性のない野菜などの食材が合います。ご自分の舌で何をどう合わせるかを考えましょう。どちらも吸い地加減の汁物やスープにしてもいいです。鶏の出汁にラーメンを入れてみてください。さっぱりとして汁が飲み干せるラーメンになります。

魚の出汁で野菜の煮物

材料（２人分）

白菜の葉　３枚

長ねぎ　２本

煮汁（吸い地加減）

- 魚の出汁　400mℓ
- 薄口しょうゆ　大さじ1
- 酒　大さじ１

作り方

1　白菜はざく切りに。ねぎは5cm長さに切り、側面に切込みを入れる。

2　鍋に煮汁と1を入れて火にかける。煮立ったら、弱火にして３～５分煮る。器に盛って、好みで七味唐辛子をふる。

鶏の出汁でかぶと豆腐の煮物

材料（２人分）

かぶ　１個

豆腐　200g

煮汁（吸い地加減）

- 鶏の出汁　400mℓ
- 薄口しょうゆ　大さじ1
- 酒　大さじ１

作り方

1　かぶは茎を3cmほど残して切り、皮をむいて４等分にし、弱火で５分ほど下ゆでする。豆腐は４等分に切る。

2　鍋に煮汁と１を入れて火にかける。煮立ったら、弱火にして７分煮る。

3　器に盛って、好みで白髪ねぎをのせ、こしょうをふる。

出汁もいろいろ

干しえびや干し貝柱も出汁に。

どちらもうまみと個性があるのが特徴なので、野菜の煮物に用いると味わいに深みが出ます。特に冬瓜を煮るとき、かつお出汁では少し弱いのですが、干し貝柱で煮るとうまみ効果を発揮します。貝柱は割れているもので充分です。干しえびも野菜とよく合います。ここでは揚げなすを煮ました。

Q 出汁をとった貝柱やえびは捨てる?

煮出した貝柱やえびは、野菜を煮るときに一緒に具として使うか、水気をきって薬物などと炒めれば、別のおかずになります。

干し貝柱　　干しえび

干し貝柱の出汁
材料（作りやすい分量）
干し貝柱　50g
水　500mℓ

作り方
1　干し貝柱は分量の水に浸して1時間おき、鍋に入れて火にかける。煮立ったら弱火にして15分煮出す。
2　煮汁をこし、干し貝柱を取り分ける。

干しえびの出汁
材料（作りやすい分量）
干しえび　50g
水　500mℓ

作り方
1　干しえびは分量の水に浸して1時間おき、鍋に入れて火にかける。煮立ったら弱火にして15分煮出す。
2　煮汁をこし、干しえびを取り分ける。

干し貝柱の出汁で 冬瓜の煮物

出汁をとった干し貝柱も
一緒に冬瓜と煮て、
具として味わいます。
味つけは薄口しょうゆだけで
吸い地加減と同じ味にしました。
作り方p.101

干しえびの出汁で なすの煮物 出汁がらで えびの炒め物

揚げなすを干しえびの出汁で煮て、
なすにこくを加えました。
出汁をとった干しえびは、
葉物とねぎと炒めて、おかずの一皿に。
作り方p.100

干しえびの出汁でなすの煮物

なすは揚げたらすぐに熱湯で油抜きしましょう。煮汁は干しえびの出汁と薄口しょうゆと酒の吸い地加減（p.32参照）です。煮すぎないように軽く煮て水溶き片栗粉のとろみで味をまとめます。

なすの煮物
材料（２人分）
なす　200g
長ねぎ　１本
煮汁（吸い地加減）
┌干しえびの出汁（p.98）　400mℓ
│薄口しょうゆ　大さじ1
└酒　大さじ１
水溶き片栗粉*　大さじ2
揚げ油　適量
*片栗粉を同量の水で溶く。

作り方
1　揚げ油と熱湯を用意しておく。なすは乱切りにして油でさっと揚げ、熱湯をかけて油抜きする。ねぎはみじん切りにする。
2　1のなすを煮汁で軽く煮、ねぎを入れ、水溶き片栗粉でとろみをつける。好みで七味唐辛子をふる。

煮汁に揚げなすを入れる

出汁がらでえびの炒め物

出汁をとった干しえびは、よく水気をきって使いましょう。炒める葉物は、お好きなものでどうぞ。

えびの炒め物
材料（２人分）
出汁をとった干しえび（p.98）　80g
かぶの葉　60g
長ねぎ　１本
サラダ油　小さじ2
薄口しょうゆ　10mℓ

作り方
1　かぶの葉は5cm長さに切る。ねぎは1cm幅の斜め切りにする。
2　フライパンにサラダ油を入れて熱し、1を入れて炒める。火が通ったら、干しえびを入れて、さっと炒め合わせ、薄口しょうゆで味つけする。

干し貝柱の出汁で冬瓜の煮物

冬瓜は、塩をまぶしてから、塩入りの湯で下ゆでをします。
出汁をとった貝柱を薄口しょうゆと酒の吸い地加減（p.32参照）で煮含めます。仕上りに水溶き片栗粉でとろみをつけました。

冬瓜の煮物
材料（2人分）
冬瓜　300g（正味）
塩　適量
煮汁（吸い地加減）
┌干し貝柱の出汁（p.98）　400mℓ
│薄口しょうゆ　大さじ1
└酒　大さじ1
昆布　5cm角1枚
出汁をとった貝柱　全量
水溶き片栗粉*　大さじ2
*片栗粉を同量の水で溶く。

作り方
1　冬瓜は皮をむき、1切れ20gくらいに切り分け、塩をまぶして5分おき、水洗いする。2%の塩を入れた湯で6～7分ゆで、冷水にとって水気をきる。
2　鍋に干し貝柱の出汁と酒、1の冬瓜と昆布を入れ、薄口しょうゆを加えて火にかける。
3　煮立ったら弱火にして4分ほど煮、貝柱を入れる。あくを取り、水溶き片栗粉を入れてとろみをつける。

昆布を入れて

味つけは薄口しょうゆ

途中で貝柱を加える

トマトジュース、豆乳、牛乳も出汁に。

トマトは生で食べると酸味がありますが、火にかけるとうまみになります。豆乳は文字どおり大豆のうまみ、牛乳にもうまみがあります。出汁として大いに利用しましょう。それぞれうまみがあるので、かつお出汁は必要ありません。

Q そのまま使えばいいですか?

どれも、そのままの濃度では濃すぎます。水で薄めて、うまみをほどよく引き出せば、ちゃんと和の出汁になります。ためしに、トマトジュースや豆乳などを水を割って、みそを溶いてみてください。簡単においしい即席みそ汁ができますよ。

トマトジュース

トマト汁

イタリアンやフレンチのスープになりそうですが、トマトジュースを２倍の水で薄め、味つけは薄口しょうゆにすれば和風になります。レタス、油揚げ、長ねぎの具を入れました。作り方p.104

牛乳

牛乳みそ汁

牛乳の濃度をそのままで作ると、クリームシチューになってしまいます。5倍の水で薄めましょう。みそ味にすれば、和風ポタージュになります。みそと牛乳、とても相性がいいのです。具は里芋とにんじん。里芋のとろみ感がちょうどいいこくになりました。作り方p.104

豆乳

豆乳汁

豆乳は、かなり濃いので5倍の水で薄めます。沸騰すると膜ができるので必ず弱火で。大きめにカットしたトマトとキャベツを入れて、味つけは薄口しょうゆ。クリームスープとは違う味になります。作り方p.104

牛乳みそ汁

加えるみそは信州みそです。白みそで作ると、よりホワイトシチューのようになります。お好みで工夫してください。

材料（2人分）

煮汁

- 牛乳　50mℓ
- 水　250mℓ
- みそ　30g

具

- 里芋　2個
- にんじん　6cm
- わけぎ　少々

作り方

1　里芋とにんじんは皮をむき、それぞれ1cmの輪切りにし、やわらかくなるまで下ゆでしておく。

2　煮汁の牛乳と水を合わせ、1の具と3cm長さに切ったわけぎを入れて沸騰しないように火にかける。温まってきたら、みそを溶き入れる。

トマト汁

トマトジュースはメーカーによって濃度が違うので、2倍の水で薄めても濃いようならば加減して薄めましょう。

材料（2人分）

煮汁

- トマトジュース（無塩）　100mℓ
- 水　200mℓ
- 薄口しょうゆ　大さじ1

具

- レタス　2枚
- 油揚げ　$\frac{1}{2}$枚
- 長ねぎ　5cm長さ4本

作り方

1　レタスは生のままざく切りにする。油揚げは湯通しして短冊切りにする。

2　煮汁の材料を合わせ、1とねぎを入れて火にかける。ねぎに火が入ればでき上り。

豆乳汁

豆乳は、成分無調整を使ってください。豆腐屋の豆乳はかなり濃厚なので、薄め方を加減しましょう。

材料（2人分）

煮汁

- 豆乳　50mℓ
- 水　250mℓ
- 薄口しょうゆ　大さじ1

具

- キャベツ　1枚
- トマト　$\frac{1}{2}$個
- 長ねぎ　$\frac{1}{2}$本

作り方

1　キャベツはさっとゆでて、ざく切りに、トマトは縦半分に切る。ねぎは粗みじん切りにする。

2　煮汁の材料と1の具を入れ、火にかける。沸騰しないよう弱火で温める。

常々思うこと
あれこれ

「口内調味」は白いご飯だからこそ

よく、人生の最後に何を食べたいかときかれますが、私は、白いご飯かな〜。

ときどき、旅先で幕の内弁当のご飯が、炊込みご飯だったりするとがっかりします。炊込みご飯とおかずでは、両方の味がけんかしてしまって、美味しさが半減してしまうと思うのです。

例えば、塩鮭のおかずだったとしましょう。塩気のある塩鮭で口の中がしょっぱくなる。そこで大根おろしを食べて、次に白いご飯を食べる。すると口の中の塩気が中和されます。白今度は歯ごたえのある野菜が欲しくなる。白いご飯とおかずを食べることで、口の中で自然と塩味が調えられるのです。これが「口内調味」、ご飯を主食としてきた、日本ならではの食べ方です。

炊込みご飯に、塩鮭、煮魚、とんかつ、から揚げは合わないという私の考え方がおわかりでしょう。

白いご飯だからこそ、おかずの美味しさも倍増するのではないでしょうか。

毎日の献立も、口内調味を考えて、組み合わせることをおすすめします。

家庭のみそ汁こそ

料理屋の最後に出てくるみそ汁が美味しいと思われているかもしれませんが、本当にそうでしょうか。

料理屋の場合は、出汁は出汁、具材は具材で別に用意しておき、それを合わせて提供しています。出汁がきいていると思われるかもしれませんが、具材から出たうまみは、汁に出ていないのです。

でも、家庭ならば、どうでしょう。大根を煮干しの出汁で煮て、みそを溶けば、みそ汁には大根のうまみがたっぷり出ています。じゃがいものみそ汁、大根のみそ汁、油揚げのみそ汁と、食材の名前がついたみそ汁になっているはずです。

どうぞ、家庭ならではのみそ汁の味をたいせつにしてください。

そのためには、みそは発酵を止めたみそではなく、生きているみそを使いましょう。出汁は、この本で紹介したかつお出汁、煮干しの出汁などなんでもいいです。

出汁もいろいろ

野菜も出汁に。体にやさしい味です。

出汁は魚や肉だけではありません、野菜もうまみになります。

冷蔵庫にある野菜はなんでもかまいません。水で煮てみてください。ここでは煮た野菜も汁も丸ごと使った野菜のペースト出汁を作りました。動物性の具が合うので、鶏だんごを入れて煮ました。魚のつみれや豆腐などもいいです。

Q 野菜が出汁に？

野菜からうまみが出るのです。

鍋物や根菜の汁を飲むと体にしみるように美味しく感じませんか？　出汁の味ではなく野菜のうまみが味になっているからです。野菜を煮た汁には野菜の栄養素がたくさん含まれていて、うまみ満点です。冷蔵庫にある野菜を利用しましょう。

出汁に使う野菜

一晩水に浸してください。

水に浸したら、次に「蒸す」または「火であぶる」をし、表面についているカビや汚れを包丁でそぎ落とします。

このあと、かつお節削り器で削ります。

削り終わったら、表面が乾かないようにぬれ布巾で包み、さらにラップで包んで、冷蔵庫で保管します。毎日、使う分だけを削っては、ぬれ布巾に包んで、が理想です。できれば、3日に一度は削り、表面を常に削りやすい状態にしておきます。

Qきれいに削るには?

かつお節をよく見てください。木の年輪のようになっていませんか?

これに沿って削れば、薄くきれいに削れるはずです。

年輪の方向と逆に削ると、無理やり削るので、きれいに削れず、味も濁った出汁になります。

また湿っていないものを削ると粉っぽくなり、やはり味が濁ります。

かつお節削り器に当てて、スーッ、スーッと削れれば、かつお節の向きも合っている証拠です。

薄くきれいに削れたものは、品のよい美味しい出汁になります。

かつお節の状態を常にいい状態に保っておくと同時に、削り器の刃をよく切れるようにしておきましょう。

かつお節をいい状態に保つ

1　水に一晩つけて、
中まで水でもどす。

2　表面を焦げないようにあぶる
(または蒸し器で3分蒸す)。

3　包丁で、
まわりをそぎ落とす。

4　削りやすい表面になる。

●かつお節の作り方を知っていますか

三枚におろした生のかつおを、さらに刺身のときのように、身を半分にします。これで、いわゆる背側、腹側になります。

この生のものを煮る→いぶすなどの作業を時間をかけて行ないます。

いぶしをかけたものを「荒節」。その後にカビを何回もつけたり落としたりを繰り返してできるのが、かたい「本枯れ節」です。

●かつお節の購入は

かつお節の値段はいろいろです。まず、求めやすいものでいいです。

できれば専門店で求めてください。

かつお節削り器もあわせて購入しましょう。

削り器の刃のケアも必要です。自分でできなければ、購入店で研いでもらいましょう。そのためにも専門の店での購入をすすめます。

野崎洋光（のざき・ひろみつ）

1953年、福島県石川郡古殿町生まれ。武蔵野栄養専門学校卒業。東京・麻布「とく山」、「分とく山」の総料理長。日本料理の奥義である比率による味と技法を、著書『美味しい方程式』『さらに、美味しい方程式』『美味しい方程式の原点』（すべて文化出版局）で惜しみなく披露し、好評を博す。伝統と慣習にとらわれない、常に美味を追求する姿勢と説得力のある解説で共感を得ている。本書は、料理の原点は家庭料理にある、美味しい方程式を毎日の食卓に役立てて一生ものにしてほしいという著者の願いから生まれた。

「分とく山」（わけとくやま）
東京都港区南麻布5-1-5
電話03-5789-3838

アートディレクション　木村裕治
デザイン　川崎洋子（木村デザイン事務所）
撮影　小林庸浩
スタイリング　白木なおこ
校閲　山脇節子
編集　大森真理　浅井香織（文化出版局）

「分とく山」野崎洋光がおくる
極めつきの「美味しい方程式」
2018年10月28日　第1刷発行

著者　野崎洋光
発行者　大沼　淳
発行所　学校法人文化学園　文化出版局
〒151-8524　東京都渋谷区代々木3-22-1
電話03-3299-2565（編集）
03-3299-2540（営業）
印刷所　凸版印刷株式会社
製本所　大口製本印刷株式会社

文化出版局のホームページ　http://books.bunka.ac.jp/